DAS VEGANE FAMILIEN-KOCHBUCH

Gesunde Lieblingsgerichte für Groß und Klein

TEXTE UND REZEPTE VON JASMIN HEKMATI

FOTOS VON JUSTYNA KRZYŻANOWSKA

DAS VEGANE FAMILIEN-KOCHBUCH

Gesunde Lieblingsgerichte für Groß und Klein

»Essen und Trinken hält Leib und Seele zusammen.«

Deutsches Sprichwort

Was gutes Essen alles kann! Es erfreut unser Auge, beglückt unsere Nase und verwöhnt unseren Gaumen. Es vertreibt schlechte Stimmung. Es tröstet und heilt. Es schenkt Lebenskraft und Energie, hält uns gesund und munter. Und wahrhaft gutes Essen hat dabei keinen schlechten Nachgeschmack. Denn es respektiert unsere echten Bedürfnisse und achtet die Rechte anderer. Es schenkt unserem Körper, was er verlangt, und nimmt sich nicht, was ein anderer braucht. Es bereitet Genuss, ohne Leid zu schaffen. Gutes Essen macht BAUCH UND SEELE satt.

In diesem Sinne sind die Gerichte in diesem Buch Soulfood, wahres Seelenfutter. Respekt und Achtsamkeit – uns selbst und anderen gegenüber – sind die Basis für Glück und Gesundheit. Und was in der Welt könnten wir uns mehr wünschen, für uns und für unsere Kinder?

INHALT

1.000 FRAGEN UND (K)EINE ANTWORT

Wie Kind und Kater unser Leben verändert haben

»Mama, warum darf ich Otto nicht am Schwanz ziehen?«

Mein Sohn ist zwei Jahre alt, als er mir diese Frage stellt. Ich halte sie erst mal für eine von der leichteren Sorte. Otto ist unser dicker roter Kater, und es liegt ja wohl auf der Hand, warum er nicht gepiesackt werden darf. Wer kennt ihn nicht, den Spruch: »Quäle nie ein Tier im Scherz, denn es spürt wie Du den Schmerz«? Mein Sohn ist noch zu klein für diese Moral in Reimform, also erkläre ich etwas wortreicher: »Otto ist ja kein Ding. Er lebt und fühlt, so wie du selbst. Er spürt Schmerzen so wie du. Deshalb dürfen wir ihm nicht wehtun. Du möchtest ja auch nicht gerne geärgert werden oder dass dir jemand wehtut, oder?«

Meinem Sohn fällt, welch Wunder, gerade kein weiteres Warum ein. Und die üblicherweise folgende Kaskade an weiteren Fragen, die nicht selten mit einem hilflosen »DAS weiß ich jetzt auch nicht, mein Schatz!« beendet werden muss, bleibt zunächst aus. Zunächst. Denn während der Kleine sich wieder ins Spiel vertieft, ist seine Mutter längst am Grübeln. Wozu das Stück Tier, das gerade als Steak in der Pfanne brutzelt, einen nicht unerheblichen Beitrag leistet. Was heißt hier eigentlich Scherz, fragt sich auf einmal die Köchin im Angesicht der Rinderseite. Müsste die logische zweite Strophe der Spruchweisheit nach geltender (Doppel-)Moral nicht eigentlich lauten: »Für Wurst und Steak, da quäl das Tier, obwohl es spürt den Schmerz wie wir«? Irgendwie vergeht mir auf einmal der Appetit auf Fleisch.

Wie komme ich eigentlich dazu, für andere Tiere – nur weil ich sie nicht kenne – ganz andere Regeln anzuwenden als für unseren Kater Otto? Was ist mit all den armen Schweinen, Lämmern, Rindern und Hühnern, die ich im Laufe meines Lebens schon verspeist habe? Oder die leiden und sterben müssen, nur weil ich so gerne Käse esse oder Latte macchiato trinke? Wenn Otto als fühlendes Wesen meiner Meinung nach ein Recht dazu hat, nicht zum Vergnügen meines Sohnes oder aus kindlichem Forscherdrang malträtiert zu werden, warum sollte ich dann zur kurzen Freude meines Gaumens andere ebenso fühlende Wesen leiden lassen oder sogar töten dürfen? Und wie in aller Welt soll ich reagieren, wenn mein Sohn eines Tages auch auf diese Fragen schlüssige Antworten einfordert?

Im deutschen Tierschutzgesetz steht: »Niemand darf einem Tier ohne vernünftigen Grund Schmerzen, Leiden oder Schaden zufügen.« Aber was am Fleischessen ist eigentlich vernünftig? Und warum sind vor dem Gesetz nicht alle Tiere gleich? Wie ist zu erklären, dass unsere Gesellschaft ihre Hunde hätschelt und als treuste Freunde des Menschen niemals essen würde, aber Schweine, die uns in ihrem genetischen Bauplan und ihrer Intelligenz viel ähnlicher sind, erbarmungslos und ohne Reue leiden lässt und verspeist? Warum darf ich ein Kalbssteak essen, aber keine Kätzchenspieße? Warum dürfen Schweine im Stall so eng stehen, dass sie sich ihr ganzes Leben nicht ein einziges Mal um sich selbst drehen können, aber für die gleiche Behandlung meines Hundes würde ich die gerechte Verachtung meiner Nachbarn ernten und mit gesetzlicher Strafe rechnen müssen? Wieso versteht es sich von selbst, dass seriöse Hundezüchter keine neugeborenen Welpen verkaufen, aber Landwirte Kühen ihre Kinder sofort nach der Geburt wegnehmen und wenig später schlachten dürfen, damit sie uns Menschen nicht die (Mutter-)Milch wegtrinken?

Wie kann es eigentlich sein, dass unsere Gesellschaft diesen Widerspruch zum System gemacht hat? Dass Logik und Moral uns von klein auf mit geschenkten Fleischwurstzipfeln an der Metzgertheke ausgetrieben werden und wir dank lustigem Bärchenaufschnitt und undefinierbarer Bolognesesauce auf einmal so angefixt sind, dass wir irgendwann meinen, ohne diese fleischlichen Genüsse nicht mehr leben zu können und willig nach Rechtfertigungskonstrukten greifen, um den Widerspruch auszuhalten?

Zugegeben, es ist nicht das erste Mal, dass ich über unser mehr als fragwürdiges Ess- und Konsumverhalten nachdenke. Über unsere Entfremdung vom lebenden Tier, das uns oft nur noch in unerkennbarer Form als Schnitzel oder Salami im Supermarkt begegnet. Über unsere industrialisierte Landwirtschaft, die fühlende Lebewesen zum Produkt degradiert hat, die zahllose Landwirte in Gewissenskonflikte bringt, sie unglücklich macht oder in den Ruin treibt, wenn sie sich diesem System nicht unterwerfen.

Ich bin Journalistin und daher schon von Beruf aus Fragenstellerin. Leider bin ich nicht immer auch eine konsequente Fragenbeantworterin. Oder wie ist es mir gelungen, die Fakten all die Jahre nicht nur zu kennen, sondern auch noch über sie zu berichten – und sie im Alltag trotzdem zu verdrängen, nur um bei meinen Gewohnheiten bleiben zu können?

Futtermittelskandale, Gammelfleisch, Vogelgrippe, Schweinepest, Massentötungen und maßloses Tierleid. Sinnlose Landwirtschaftssubventionen, Höfesterben, tödliche Krankenhauskeime und Antibiotikaresistenzen dank Massentierhaltung. Klimawandel, verseuchte Böden, abgebrannte Regenwälder, leer gefischte Meere, vergiftete Menschen. Über all das berichten wir Medien fast täglich. Und dazu noch über den Hunger in der Welt, für den wir mit unserem Fleischkonsum und unserer selbstsüchtigen Agrarpolitik mitverantwortlich sind. Und nicht zuletzt auch über die gesundheitlichen Folgen, die unser tierfixiertes, und ja, schizophrenes Essverhalten für uns selbst hat. Inzwischen sterben weltweit schon mehr Menschen an den Folgen schlechter Ernährung als an Hunger und Kriegen. In Deutschland sind längst die meisten

Menschen übergewichtig, und selbst unsere Kinder leiden immer häufiger und immer früher unter verfetteten Gefäßen, Herz-Kreislauf-Problemen und Diabetes Typ 2.

Es gibt so schrecklich viele Fragen, auf die ich keine guten Antworten kenne. Nur auf die eine, auf die große sine-qua-non-Frage: Geht es denn so ganz ohne Fleisch, Milch und Eier? Auf die gibt es eine einfache und wunderbare Antwort: Ja! Es geht ganz ohne.

Und wir verzichten nicht einfach nur – wir gewinnen dabei sehr viel: Denn es ist ein wunderschönes Gefühl, seinen Kindern die Herkunft unserer Lebensmittel ehrlich erklären und sogar zeigen zu können, statt aus Scham oder Rücksicht auf ihre zarten Seelen zu verschleiern, woher das Schnitzel auf ihrem Teller genau stammt. Welcher Fleischesser würde seinen Kindern schon die Abläufe in einer modernen Mastanlage, brutale Tiertransporte und das Innere eines Schlachthofs detailliert beschreiben, geschweige denn vorführen?

Es ist erfüllend, Kindern Liebe und Respekt für sich und andere Lebewesen vorzuleben, statt ihnen beizubringen, dass sie ihr natürliches Empfinden und ihr Mitleid für andere aufgeben sollen, nur weil Salami, Fleischwurst und Käse so gut schmecken.

Es ist spannend und bereichernd, neue Lebensmittel kennenzulernen und zu testen. Wer die Tieresserei aufgibt, geht auf kulinarische Entdeckungsreise und erweitert seinen geschmacklichen Kosmos. Die Natur ist voller wohlschmeckender Pflanzen und die Kochbücher der Welt sind überreich an Rezepten, die vielen Durchschnittsessern entgehen.

Und vor allem: Es macht glücklich, seine Kinder gesund zu ernähren, denn als Eltern wollen wir alle nur das Beste für sie. Sie sollen sich möglichst optimal entwickeln, gesund aufwachsen und es auch als Erwachsene bleiben. Gibt es da eine größere Chance, als ihnen von Anfang an eine gute Ernährung beizubringen? Schließlich wird der menschliche Geschmackssinn in den ersten Lebensjahren geprägt. In dieser Zeit lernen wir, bestimmte Aromen zu lieben, und verinnerlichen wir vorgelebte Essmuster. Während wir Erwachsene uns alte Gewohnheiten erst mühsam abtrainieren müssen, lernen unsere Kinder von Anfang an, Gemüse zu schätzen und Speisen ohne Fleisch, Fisch, Eier oder Käse nicht als Verzicht zu empfinden.

Eineinhalb Jahre ist es nun her, dass Kind und Kater das Leben unserer Familie vom einen auf den anderen Tag umgekrempelt haben. Es war eine Zeit der Suche: Wir mussten herausfinden, wie eine gut gemachte vegane Ernährung im Alltag aussehen kann. Wir haben gelernt, auf welche Nährstoffe wir während der Umgewöhnung besonders achten müssen, bis wir verinnerlicht haben, welche Lebensmittel unserem Körper guttun. Und nicht zuletzt mussten wir ausprobieren, wie wir all die Lebensmittel so zubereiten, dass unser Essen nicht nur gesund ist, sondern auch allen richtig gut schmeckt.

Diese manchmal abenteuerliche Entdeckungsreise per Fachliteratur, Kochlöffel und Bratpfanne hat unserer Familie großen Spaß gemacht und wir finden, die Ergebnisse können sich sehen lassen – auch dank der Arbeit der wundervollen Fotografin und Layouterin Justyna Krzyżanowska, die unsere Lieblingsgerichte mit viel Talent und Liebe in Szene gesetzt hat. Dabei hat sie äußerst einfühlsam auch mit den kleinsten und haarigsten Familienmitgliedern zusammengearbeitet und so die Herzen aller Beteiligten gewinnen können. Für ihren liebevollen Stil gebührt ihr der allergrößte Dank.

Auch die Arbeit von Dr. Markus Keller möchte ich an dieser Stelle besonders würdigen. Er und sein Institut sind auf dem Gebiet der veganen Ernährung in Deutschland führend, und so war es eine große Ehre, dass er unsere Suche mit wissenschaftlicher Expertise und praktischen Tipps unterstützt hat. Seiner Beratung und prüfenden Lektüre ist das fundierte Abc der veganen Ernährung (ab Seite 152) zu verdanken, das allen Suchenden als verlässlicher Leitfaden dienen kann.

Meiner lieben Lektorin Petra Teetz danke ich für ihre Geduld, für ihre wohlwollende und gleichzeitig schonungslose Kritik sowie für ihre kreativen Lösungsansätze.

Außerdem möchte ich an dieser Stelle von Herzen den experimentierfreudigen und geduldigen Testessern danken, allen voran den normalerweise vollkornverachtenden Fleischliebhabern, die meine schrecklich gesunden Rezepte auf Salonfähigkeit prüfen mussten. Auch die Risikobereitschaft meiner Schwester ist an dieser Stelle zu erwähnen, die ihre Kinder als Versuchskaninchen zur Verfügung gestellt hat – besonders die Grünen Smoothies waren manchmal eine Herausforderung ... Außerdem danke ich meinen Kindern, von denen ich gelernt habe, dass es zwar gut ist, viele Fragen zu stellen, aber noch besser, sie auch hin und wieder zu beantworten. Ich danke meinem Mann, der die konsequente Umsetzung der Antwort sofort und jetzt und heute verlangt hat und darauf bestand, dass alle tierischen Lebensmittel ohne Schonfrist von unserer Speisekarte gestrichen werden.

Und ich danke natürlich meinen Eltern, die mir als Kind den Respekt für andere Lebewesen beigebracht haben – und die Liebe zu gutem Essen.

Es wäre das größte Geschenk, wenn es uns mit diesem Buch gelänge, andere Familien mit unserer Begeisterung für diesen neuen Ess- und Lebensstil, der uns so guttut, anzustecken. Sicher will nicht jeder sofort und jetzt und heute alle Gewohnheiten über den Haufen werfen – aber vielleicht verführt die Schönheit der veganen Küche und das Wissen um ihre große Kraft die eine oder den anderen ja zu den ersten Schritten.

Die muhenden, grunzenden, gackernden, mümmelnden und blökenden Verwandten von Kater Otto, Ihre eigene Gesundheit und die Ihrer Kinder werden es Ihnen ganz sicher danken.

AUS ERNÄHRUNGSWISSENSCHAFTLICHER SICHT

Die gesundheitlichen Potenziale veganer Ernährung

Es gibt viele gute Gründe für eine vegane Ernährung: Ethik, Umwelt- und Klimaschutz, Ressourcenschonung, Welternährung, Gesundheit. Umfragen unter Veganern zeigen, dass ethische Motive mit klarem Abstand der wichtigste Beweggrund sind, Fleisch, Milch und Eier vom Speiseplan zu streichen. Gesundheitliche Motive folgen erst mit deutlichem Abstand, die weiteren Gründe werden eher seltener genannt. Es ist unbestritten und durch wissenschaftliche Daten gut untermauert, dass die weltweite Produktion von tierischen Lebensmitteln unserem Planeten schadet. Ein Drittel der weltweiten Ackerflächen wird durch den Futtermittelanbau belegt – diese Felder stehen nicht für die Ernährung der einheimischen Bevölkerung, etwa in Brasilien, zur Verfügung. Würden wir die Sojabohnen, die für die Mästung der hierzulande verzehrten Schweine, Hühner und Rinder benötigt werden, in Deutschland anbauen, müssten wir dafür eine Fläche von der Größe des Bundeslandes Rheinland-Pfalz mit Soja bepflanzen. Mit der Wassermenge, die für die Erzeugung von 1 kg Rindfleisch aufgewendet werden muss, könnte man 1 Jahr täglich duschen. Und der globale Tiersektor stößt vom Futtermittelanbau bis zum Endprodukt in der Ladentheke mehr Klimagase aus als alle Autos, Lkws, Schiffe, Flugzeuge und Züge der Welt zusammen.

Würde die gesamte Weltbevölkerung so leben und essen wie wir in Deutschland, bräuchten wir schon heute 2,6 Erden. Zwar ist der Fleischverzehr hierzulande in den letzten 30 Jahren leicht gesunken (von 66,1 kg im Jahr 1985 auf 60,4 kg im Jahr 2013 pro Person und Jahr), Tendenz stagnierend. Doch der Fleischhunger von aufstrebenden Industrienationen wie China und Brasilien wächst und wächst. Die Ernährungs- und Landwirtschaftsorganisation der Vereinten Nationen (FAO) prognostiziert bis 2050 sogar eine Verdoppelung des heutigen Fleischkonsums. Langfristig wird es aber gar nicht möglich sein, diese Mengen an tierischen Lebensmitteln mit den vorhandenen Landflächen und Ressourcen zu erzeugen. Umso wichtiger ist es, dass wir in den reichen Ländern mit gutem Beispiel vorangehen und unseren Fleisch- und Milchkonsum deutlich einschränken – oder möglichst ganz einstellen.

Aus ökologischer Sicht gibt es daher eigentlich keine Alternative zu veganer Ernährung. Und aus ethischer Sicht schon gar nicht. Doch wie sieht es gesundheitlich aus? Die vorliegenden epidemiologischen Studien zeigen, dass erwachsene Veganer im Vergleich zu Fleischessern ein geringeres Risiko für verschiedene ernährungsmitbedingte Erkrankungen aufweisen: Sie sind schlanker, haben einen niedrigeren Blutdruck und günstigere Cholesterinwerte, erkranken seltener an Diabetes Typ 2, haben ein niedrigeres Risiko für Herz-Kreislauf-Erkrankungen und möglicherweise auch für bestimmte Krebsarten. Und diese Effekte zeigen sich wohlgemerkt, wenn der insgesamt gesündere Lebensstil von Veganern, wie

Nichtrauchen und höhere körperliche Aktivität, bereits herausgerechnet wurde. Veganer sind außerdem die Gruppe, die die Empfehlungen der Deutschen Gesellschaft für Ernährung (DGE) für die Zufuhr der Hauptnährstoffe Protein, Fett und Kohlenhydrate am ehesten umsetzt. Aufgrund des überdurchschnittlichen Verzehrs von Gemüse, Obst und Vollkornprodukten sind Veganer außerdem sehr gut mit β-Carotin, Vitamin C, Folat (Folsäure), Magnesium, Ballaststoffen und sekundären Pflanzenstoffen versorgt. Vor allem die letzten beiden Substanzgruppen werden mit dem geringeren Krankheitsrisiko von Veganern in Verbindung gebracht.

Auf andere Nährstoffe muss jedoch bei rein pflanzlicher Ernährung besonders geachtet werden. Hierzu zählen Calcium, Eisen, Zink, Vitamin B_2, Omega-3-Fettsäuren und vor allem Vitamin B_{12}. Leider achten viele Veganer immer noch nicht auf eine sichere Vitamin-B_{12}-Versorgung über Supplemente, angereicherte Lebensmittel oder Vitamin-B_{12}-Zahnpasta. In Untersuchungen weisen etwa 50 % der Veganer einen Vitamin-B_{12}-Mangel auf (in der Allgemeinbevölkerung sind es 10–20 %). Langfristig kann ein Vitamin-B_{12}-Mangel zu gesundheitlichen Schäden führen, die teilweise irreversibel sind. Der Bedarf der anderen genannten kritischen Nährstoffe kann durch eine abwechslungsreiche vollwertige Lebensmittelauswahl gut gedeckt werden. Hier gilt die Devise: »Lieber ein bisschen mehr als zu wenig.«

Und geht vegan denn auch bei Kindern? Ja, es geht – wenn auch hier besonders auf die kritischen Nährstoffe geachtet wird. Kinder haben, anders als Erwachsene, keinen Erhaltungs-, sondern einen Aufbaustoffwechsel. Blut muss neu gebildet werden, Knochen müssen erst wachsen und das Immunsystem muss sich entwickeln. Daher benötigen Kinder, bezogen auf die Nahrungsenergie, eine höhere Nährstoffzufuhr. Eine pflanzliche Kost mit hoher Nährstoffdichte zahlt sich hier also besonders aus. Zudem werden Ernährungsverhalten und Geschmackspräferenzen in der frühen Kindheit geprägt – und meist lebenslang beibehalten. Wer mit einer vollwertigen und genussvollen pflanzlichen Lebensmittelauswahl aufwächst, muss später nicht in Minischritten zu Gemüse und Vollkorn »überredet« werden.

In Deutschland sind 15 % der Grundschulkinder übergewichtig, über 6 % sogar fettleibig (adipös). Die täglich empfohlene Gemüsemenge wird nur von 6 % der Jungen und von 7 % der Mädchen zwischen sechs und elf Jahren erreicht! Gleichzeitig überschreiten in derselben Altersgruppe 72 % der Jungen und 64 % der Mädchen die maximal empfohlene Menge an Fleisch und Wurst. Und auch in deutschen Schulmensen ist totes Tier Trumpf: Fleischgerichte stehen in fast 80 % der Ganztagsschulen mehrmals pro Woche bis täglich auf dem Speiseplan – die DGE fordert maximal zwei Fleischgerichte pro Woche. Nur jede siebte Schulmensa bietet, wie in den

Qualitätsstandards Schulverpflegung der DGE vorgesehen, täglich ein vegetarisches Hauptgericht an.

Vegan lebende Eltern machen sich oft deutlich mehr Gedanken über eine gesundheitsfördernde Ernährung ihrer Kinder als Fleisch essende Durchschnittseltern. Das ist auch gut, denn so völlig problemlos, wie es manchmal dargestellt wird, ist eine vegane Kinderernährung in der Umsetzung nicht. Sie ist aber auch kein Hexenwerk, wenn bestimmte Dinge beachtet werden. Noch wichtiger als bei Erwachsenen sind beispielsweise eine sichere Vitamin-B_{12}-Versorgung und eine ausreichende Calciumzufuhr (s. S. 156).

Leider gibt es bisher fast keine Untersuchungen zu vegan ernährten Kindern. Vorbehalte gründen sich meist auf Studien mit makrobiotisch ernährten Kindern, die in den 1980er-Jahren in den Niederlanden durchgeführt wurden und bei vielen Kindern Entwicklungs- und Nährstoffmängel feststellten. Die Ernährung dieser Kinder kann aber nicht mit der von vegan lebenden Kindern heute gleichgesetzt werden. Dennoch sind hierzulande die meisten Fachinstitutionen äußerst vorsichtig und raten strikt von einer veganen Kinderernährung ab. In anderen Ländern ist man da deutlich fortschrittlicher. So ist beispielsweise die Canadian Paediatric Society, der Dachverband der kanadischen Kinderärzte, der Auffassung, dass »gut geplante vegetarische und vegane Kostformen mit einer angemessenen Berücksichtigung bestimmter Nährstoffe einen gesundheitsförderndnen alternativen Lebensstil für alle Phasen des fetalen, kindlichen und jugendlichen Wachstums bieten können«. Dasselbe Thema, völlig entgegengesetzte Meinungen. Klarheit können nur wissenschaftliche Studien schaffen, die den Ernährungs- und Gesundheitsstatus von vegan lebenden Kindern untersuchen und aufzeigen, wo die Stärken und wo die Schwächen liegen.

Ich bin davon überzeugt, dass vegan lebende Eltern, gerade aufgrund der bestehenden Vorbehalte, alles daransetzen, um ihren Kindern eine optimale Entwicklung zu ermöglichen. Wenn Sie sich unsicher sind, nehmen Sie eine qualifizierte Ernährungsberatung in Anspruch und lassen Sie regelmäßig die wichtigsten Nährstoffparameter vom Arzt Ihres Vertrauens untersuchen. Auch die üblichen Vorsorgeuntersuchungen zeigen, ob sich Ihr Kind altersgemäß entwickelt.

Mit ihren fröhlich bunten, ansprechenden Rezepten gibt Jasmin Hekmati vielfältige Anregungen für eine abwechslungsreiche und vollwertige vegane Ernährung der ganzen Familie. Ich wünsche dem Buch viel Erfolg – und Ihnen und Ihren Kindern viel Spaß beim Ausprobieren.

Dr. Markus Keller
Leiter des Instituts für alternative und nachhaltige Ernährung, Gießen

VEGANE FAMILIEN-REZEPTE

Das schmeckt lecker und ist gesund

DER PERFEKTE START IN DEN TAG

FRÜHSTÜCKEN WIE EIN KAISER

»Alle Kinder lieben Pfannkuchen! Besonders lecker und gesund sind sie aus Buchweizenmehl, denn das ist reich an der essenziellen Aminosäure Lysin und schmeckt angenehm würzig. Zu Recht der Pfannkuchenklassiker – ob in amerikanischen Pancakes oder in französischen Galettes.«

(fertig in 25 Minuten)

KNUSPRIGE MINI-PANCAKES AUS BUCHWEIZENMEHL

Für 20–24 Mini-Pancakes:
150 g Buchweizenmehl
1 geh. TL Backpulver
2 TL Natron
1 gestr. TL gemahlene Vanille
1 Prise Jodsalz
1 TL Vollrohrzucker
1 mittelgroße Banane
150 ml Sojamilch
75 ml Mineralwasser mit Kohlensäure
75 g Walnusskerne
Rapsöl zum Braten
gemischte Beeren zum Servieren
Ahornsirup zum Servieren

Buchweizenmehl, **Backpulver**, **Natron**, **Vanille**, **Jodsalz** und **Vollrohrzucker** in einer Schüssel mischen • Die **Banane** schälen und in einer Rührschüssel mit der **Sojamilch** und dem **Mineralwasser** mit dem Pürierstab glatt mixen. Nach und nach die Mehlmischung zugeben und alles zu einem glatten Teig verrühren. Den Teig 10 Minuten quellen lassen • Inzwischen die **Walnusskerne** grob hacken und in einer Pfanne ohne Öl bei schwacher Hitze rösten, bis sie duften. Die Nüsse herausnehmen und die Hälfte unter den Teig rühren • Den Herd auf mittlere Hitze schalten. Etwas **Rapsöl** in die Pfanne geben und pro Pancake 1 EL Teig in die Pfanne setzen. Die Küchlein 2–3 Minuten braten, bis sie stabil und an der Unterseite goldbraun sind. Dann wenden und von der zweiten Seite ebenfalls etwa 2 Minuten braten. Die fertigen Pancakes aus der Pfanne nehmen. So fortfahren, bis der gesamte Teig aufgebraucht ist • Die Pancakes einzeln oder gestapelt mit den **Beeren** auf vier Teller anrichten. Mit den restlichen gerösteten Nüssen bestreuen, mit etwas **Ahornsirup** beträufeln und sofort servieren.

VARIANTE Die Pancakes gelingen auch mit anderen Mehlsorten, zum Beispiel mit einer Mischung aus Dinkelvollkornmehl und Hirse oder mit Weizenvollkornmehl. Weiße Auszugsmehle – also Weizenmehl (Type 405) und Dinkelmehl (Type 630) – brauchen allerdings etwas weniger Flüssigkeit. Wer keine Sojamilch verwenden möchte, ersetzt 30 g Buchweizenmehl durch Lupinenmehl und püriert die Banane mit 225 ml Mineralwasser.

(fertig in 15 Minuten)

HAPPY-DAY-PORRIDGE

Für 2 kleine und 2 große Esser:

60 g Walnusskerne
2 kleine Bio-Äpfel
2 kleine Bananen
90 g getrocknete Aprikosen
120 g zarte Haferflocken
60 g Weizenkeime
60 g Mandelmus
1 gestr. TL gemahlener Zimt
600 ml stilles Mineralwasser
3 EL Acerolasaft (30 ml)
Ahornsirup (nach Belieben)

Die **Walnusskerne** grob hacken. Die **Äpfel** waschen und mit der Schale bis zum Kerngehäuse raspeln. Die **Bananen** schälen und mit den **Aprikosen** in sehr kleine Würfel schneiden • Walnüsse und Früchte mit **Haferflocken**, **Weizenkeimen**, **Mandelmus** und **Zimt** in einer Schüssel mischen. Das **Mineralwasser** aufkochen und darübergießen. Alles gut verrühren und den Porridge einige Minuten quellen lassen • Danach den **Acerolasaft** unterrühren, den Porridge in vier Schalen verteilen und servieren • Kindern, die noch nicht an Zucker gewöhnt sind, reicht meist die Süße der Banane. Wer es gerne süßer mag, träufelt noch etwas **Ahornsirup** über den Porridge.

»Eine vorbereitete Porridge-Mischung spart morgens viel Zeit! Dafür 600 g Haferflocken, 300 g Weizenkeime, 300 g gehackte Walnüsse, 450 g klein gewürfelte getrocknete Aprikosen und 5 gestr. TL Zimt in einer Schüssel mischen. Danach in Schraubgläser füllen und dunkel aufbewahren. Für 1 Kinderportion etwa 5 EL Porridge-Mischung mit frischen Früchten, 1 gestr. EL Mandelmus, 100 ml kochendem stillem Mineralwasser und ½ EL Acerolasaft verrühren.«

»Hirsebrei ist eine leckere und sehr gesunde Alternative zum klassischen Milchreis. Hirse punktet mit einem hohen Gehalt an Mineralstoffen und Spurenelementen und übertrifft mit rund 7 mg Eisen pro 100 g alle anderen Getreidesorten haushoch.«

(fertig in 25 Minuten)

GOLDHIRSE-KOKOS-BREI MIT HIMBEEREN

Für 2 kleine und 2 große Esser:

150 g Goldhirse (am Vorabend eingeweicht, s. S. 144)
450 ml Kokos-Reismilch mit Calcium oder andere Pflanzenmilch
80 g Rosinen
1 Msp. Jodsalz
1 Msp. gemahlene Vanille
75 g Kokosmus oder Creamed Coconut
Agavendicksaft oder Ahornsirup (nach Belieben)
300 g Himbeeren

Die **Goldhirse** in einem Topf mit reichlich heißem Wasser spülen und das Wasser wieder vollständig abgießen • **Kokos-Reismilch**, **Rosinen**, **Jodsalz** und **Vanille** zugeben. Die Hirse aufkochen und bei mittlerer Hitze 10 Minuten köcheln lassen. Danach den Herd herunterschalten und die Hirse zugedeckt bei sehr schwacher Hitze noch 10 Minuten ausquellen lassen • Das **Kokosmus** unterrühren. Den Hirsebrei in vier Schalen anrichten und nach Belieben mit **Agavendicksaft** beträufeln. Die **Himbeeren** verlesen und auf dem Hirsebrei verteilen.

VARIANTE Noch fruchtiger schmeckt der Hirsebrei mit 2 gewürfelten Äpfeln. Die Würfel einfach mit der Hirse köcheln lassen und den Brei zum Servieren mit Zimtzucker bestäuben.

(fertig in 10 Minuten + 8 Stunden Quellen)

HASELNUSSIGER CHOCO-CHIA-PUDDING

Für 2 kleine und 2 große Esser:

75 g Datteln
75 g Chia-Samen
4 TL Kakaopulver
75 g Haselnussmus (ersatzweise gemahlene Haselnüsse)
3 EL Acerolasaft (30 ml)
500 ml Reismilch mit Calcium oder andere Pflanzenmilch
150 g Heidelbeeren

Die **Datteln** entkernen und grob würfeln. Die Würfel mit **Chia-Samen**, **Kakaopulver**, **Haselnussmus**, **Acerolasaft** und **Reismilch** in einer Schüssel verrühren und über Nacht im Kühlschrank quellen lassen • Am nächsten Morgen die Mischung mit dem Pürierstab oder im Standmixer cremig pürieren. Den Pudding in vier Gläser oder Schälchen füllen. Die **Heidelbeeren** verlesen und auf dem Pudding verteilen.

»Mit Schokopower in den Tag! Kakao schmeckt kleinen und großen Genießern und liefert jede Menge sekundärer Pflanzenstoffe und Eisen. Die gequollenen und pürierten Chia-Samen machen den Pudding schön cremig und so lecker, dass man ihn auch gut als Desser genießen kann.«

»Grüne Smoothies sind wahre Vitalstoffbomben: extrem reich an Vitaminen, Mineralstoffen, Spurenelementen, Aminosäuren und sekundären Pflanzenstoffen, die antioxidativ und antikanzerogen wirken. Je feiner zerkleinert die Pflanzenfasern im Darm ankommen, desto besser kann unser Körper die wertvollen Inhaltsstoffe aufnehmen. Wer gerne Grüne Smoothies mag, legt sich am besten einen leistungsstarken Standmixer zu. Er zerkleinert selbst sehr faserige Wildkräuter.«

(fertig in 10 Minuten)

GALLISCHER ZAUBERTRANK

Für 2 kleine und 2 große Gläser:

150 g Feldsalat
1 reife Avocado
2 große reife Bananen (etwa 250 g)
2 Orangen oder anderes reifes Obst der Saison
500 ml stilles Mineralwasser

Den **Feldsalat** putzen, waschen und trocken schleudern. Die **Avocado** halbieren, entkernen und das Fruchtfleisch aus der Schale lösen. Die **Bananen** und die **Orangen** schälen und in grobe Stücke teilen • Feldsalat, Avocado, Bananen und Orangen in den Mixer geben und cremig pürieren. Das **Mineralwasser** dazugießen und alles nochmals kurz durchmixen. Den Smoothie in vier Gläser füllen und sofort servieren.

VARIANTE Dieser milde Smoothie ist perfekt für Einsteiger. Fortgeschrittene können mit frischen Gartenkräutern wie Petersilie, Rucola und Kresse oder mit Wildkräutern wie Vogelmiere, Brennnesseln oder Giersch experimentieren – sie sind noch nährstoffreicher als Feldsalat. Erlaubt ist, was gefällt – solange man sich an die Grundregel hält: Grüne Smoothies sind grün! Schließlich steckt ein großer Teil ihrer gesundheitsfördernden Kraft im Pflanzenfarbstoff Chlorophyll. Daher gehört auch nur echtes Grünzeug in blättriger Form hinein, also kein Wurzel- und Fruchtgemüse. Reife heimische und exotische Früchte verfeinern den Geschmack und sorgen für die Süße, sie sind aber kein Muss.

(fertig in 35 Minuten)

KRÄUTERPFANNKÜCHLEIN MIT SESAMSAUCE

Für 8–10 Küchlein:

Für die Pfannküchlein:
je 2 Bund Petersilie, Koriandergrün und Schnittlauch (à 25 g)
400 g Seidentofu (ersatzweise Sojajoghurt)
160 g Dinkelvollkornmehl
40 g Tapiokastärke (aus dem Asialaden)
2 geh. TL Johannisbrotkernmehl (16 g)
2 gestr. TL Natron
100 ml Mineralwasser mit Kohlensäure
1 TL Kala Namak
Olivenöl zum Braten

Für die Sesamsauce:
1 Bio-Zitrone
150 g Sojajoghurt
30 g Tahin (Sesammus)
Jodsalz und Pfeffer

Für die Pfannküchlein die **Kräuter** waschen und sorgfältig trocken schleudern oder trocken tupfen. Die Petersilie von den Stielen zupfen und hacken, das Koriandergrün mit den zarten Stielen hacken, den Schnittlauch in Röllchen schneiden • Den **Seidentofu** in einer Rührschüssel mit dem Pürierstab cremig rühren. **Dinkelvollkornmehl**, **Tapiokastärke**, **Johannisbrotkernmehl**, **Natron**, **Mineralwasser** und **Kala Namak** zugeben und gründlich untermixen. Die Kräuter mit einem Löffel unterheben und den Teig 10 Minuten quellen lassen • Inzwischen für die Sesamsauce die **Zitrone** heiß abwaschen und abtrocknen. Die Hälfte der Schale abreiben und den Saft auspressen. **Sojajoghurt**, **Tahin**, Zitronenschale und 2–4 EL Zitronensaft mit dem Pürierstab verquirlen. Die Sauce mit **Jodsalz** und **Pfeffer** abschmecken • Eine Pfanne bei mittlerer Hitze erwärmen. 1 EL **Olivenöl** hineingeben und pro Küchlein 1 EL Teig in die Pfanne setzen. Die Küchlein 3–4 Minuten braten, bis sie stabil und an der Unterseite goldbraun sind. Dann wenden und von der zweiten Seite ebenfalls knusprig braten. Die fertigen Küchlein aus der Pfanne nehmen. So fortfahren, bis der gesamte Teig aufgebraucht ist • Die Kräuterpfannküchlein mit der Sauce servieren.

VARIANTE Wer es milder mag, ersetzt einen Teil der Kräuter durch jungen Blattspinat. Und Rucola pur schmeckt in den Kräuterpfannküchlein auch ganz besonders fein.

»Kräuter sind mein Gemüse! Sie machen diese Pfannküchlein unvergleichlich aromatisch und liefern viele Vitamine, sekundäre Pflanzenstoffe, Mineralstoffe und Spurenelemente.«

»Scrambled Tofu mit geschmorten Zwiebeln und Tomaten – das ist nicht nur Papas Lieblingsfrühstück. Besser kann ein Sonntag gar nicht beginnen.«

(fertig in 20 Minuten)

PAPAS SONNTAGSFRÜHSTÜCK

Für 2 kleine und 2 große Esser:
1 große Zwiebel
16 Cocktailtomaten
4 EL Rapsöl
½ TL Kurkuma
400 g Tofu
100 g Mandelmus
1 TL Kala Namak
Jodsalz und Pfeffer
1 Bund Schnittlauch (25 g)
6 Scheiben geröstetes Vollkorntoastbrot zum Servieren

Die **Zwiebel** schälen und fein würfeln, die **Tomaten** waschen und halbieren. In einer Pfanne 2 EL **Rapsöl** erhitzen und die Tomaten darin bei schwacher Hitze sanft braten, bis sie weich sind und duften • Inzwischen das restliche Öl in einer kleinen Pfanne erhitzen und die Zwiebel darin etwa 5 Minuten glasig dünsten. Den **Kurkuma** darüberstäuben und unterrühren. Dann den **Tofu** mit den Fingern dazubröseln und einige Minuten mitbraten. Das **Mandelmus** unterrühren und alles mit **Kala Namak**, **Jodsalz** und **Pfeffer** abschmecken. Den **Schnittlauch** waschen, trocken tupfen und in Röllchen schneiden • Den gebratenen Tofu auf vier Teller verteilen. Die Tomaten mit dem Saft aus der Pfanne darübergeben und mit Schnittlauch bestreuen. Mit knusprig geröstetem **Toastbrot** und der Sonntagszeitung servieren.

AUF DIE HAND

SCHMECKT ZU HAUSE UND UNTERWEGS

(fertig in 25 Minuten)

TEX-MEX-WRAPS

Für 4 Wraps:
240 g gegarte Kidneybohnen (aus der Dose oder selbst gekocht, s. S. 144)
1 gestr. TL gemahlener Kreuzkümmel (Cumin)
1 Msp. gemahlener Zimt
Jodsalz
Chiliflocken (nach Belieben)
1 Fleischtomate (z. B. Ochsenherz-Tomate)
1 Limette
1 Avocado
1 Bund Schnittlauch (25 g)
100 g Nuss-Käse (s. S. 55)
4–8 Salatblätter
4 Tortillas (Fertigprodukt, ersatzweise Chapati-Brote, s. S. 143)

Die **Kidneybohnen** in einem Sieb kalt abspülen und gut abtropfen lassen. Die Bohnen dann in einer Schüssel mit **Kreuzkümmel** und **Zimt** verrühren und mit der Gabel oder den Händen leicht zerdrücken. Mit **Jodsalz** und nach Belieben mit **Chiliflocken** abschmecken • Die **Tomate** waschen und möglichst klein würfeln, dabei den Stielansatz entfernen. Die Würfel leicht salzen. Die **Limette** auspressen. Die **Avocado** halbieren, entkernen und das Fruchtfleisch aus der Schale lösen. Das Fruchtfleisch klein würfeln und sofort mit dem Limettensaft beträufeln. Den **Schnittlauch** waschen, trocken tupfen und in feine Röllchen schneiden. Die Schnittlauchröllchen mit dem **Nuss-Käse** verrühren • Die **Salatblätter** waschen und trocken schleudern oder trocken tupfen. Die **Tortillas** nacheinander in einer Pfanne erwärmen, bis sie elastisch sind • Einen Fladen auf die Arbeitsfläche legen und mit 1–2 Salatblättern belegen, dabei das untere Viertel frei lassen. Auf dem Salat ein Viertel der Bohnen als Streifen von oben nach unten anrichten. Jeweils ein Viertel von Avocado- und Tomatenwürfel daraufstreuen und ein Viertel vom Nuss-Käse darauf verteilen. Das untere Viertel des Fladens darüberklappen, eine Seite darüberschlagen und den Fladen aufrollen. Mit einem Bändchen oder Frischhaltefolie fixieren. Mit den restlichen Fladen wiederholen.

(fertig in 30 Minuten + 15 Minuten Kühlen)

HERZHAFTE BOHNEN-BURGER

Für 4 Burger:
180 g gegarte weiße Bohnen (aus der Dose oder selbst gekocht, s. S. 144)
90 g gegarter Mais (aus der Dose)
1 kleine Karotte (30 g)
1–2 Frühlingszwiebeln (25 g)
½ Bund Koriandergrün (12 g)
1 Bio-Zitrone
50 g Dinkelvollkornmehl
je ½ TL gemahlener Kreuzkümmel (Cumin), Kurkuma, Jodsalz und Pfeffer
Semmelbrösel zum Wenden
Rapsöl zum Braten

Zum Servieren:
8 Blätter Kopfsalat
1 Fleischtomate (z. B. Ochsenherz-Tomate)
4 Vollkornbrötchen
Ketchup

Bohnen und **Mais** in einem Sieb kalt abspülen und abtropfen lassen, dann in eine Schüssel geben. Die **Karotte** dünn schälen und dazuraspeln. Die **Frühlingszwiebeln** putzen, waschen, längs vierteln und fein hacken. Das **Koriandergrün** waschen, trocken tupfen und ebenfalls fein hacken. Beides zu den Bohnen geben • Die **Zitrone** heiß abwaschen und abtrocknen. Etwas Schale abreiben und die Frucht auspressen. Zitronenschale, 1 EL Zitronensaft, **Mehl**, **Kreuzkümmel**, **Kurkuma**, **Jodsalz** und **Pfeffer** zu den Bohnen geben. Alles mit den Händen kräftig zu einer formbaren Masse verkneten und diese 15 Minuten kühl stellen • Aus der Bohnenmasse vier Frikadellen formen und in den **Semmelbröseln** wenden. Etwas **Rapsöl** in einer Pfanne bei mittlerer Hitze erwärmen und die Frikadellen darin von jeder Seite in etwa 7 Minuten goldbraun braten. Falls sie zu schnell bräunen, die Hitze reduzieren • Inzwischen den **Salat** waschen und trocken tupfen. Die **Tomate** waschen und quer in Scheiben schneiden, dabei den Stielansatz entfernen • Die **Brötchen** aufschneiden und nach Belieben kurz rösten. Auf die Böden je 2 Salatblätter, einen Klecks **Ketchup**, 1 Frikadelle und 1 Tomatenscheibe schichten. Die Deckel auflegen und die Burger servieren.

»Zu den Burgern serviere ich gerne noch Ofen-Pommes. Dafür 500 g möglichst große Kartoffeln schälen, in fingerdicke Stäbchen schneiden und in einer Schüssel mit 2 EL Rapsöl und je ½ TL Jodsalz und Grillgewürz mischen. Dann auf einem mit Backpapier belegten Backblech verteilen und im 220 °C (Ober-/ Unterhitze) heißen Ofen in 15–20 Minuten knusprig braun rösten.«

»In Salat gebettet kann man die Köfte auch gut in der Snackbox mitnehmen. Wer es noch raffinierter mag, verpackt sie in Reispapier. Dafür 30 Reisblätter einzeln kurz in kaltes Wasser tauchen und auf die Arbeitsfläche legen. Jeweils 1 Salatblatt darauflegen (dicke Blattrippen vorher glatt schneiden), je 1 EL Quinoamasse daraufsetzen und das Papier möglichst straff aufrollen. Das Reispapiermäntelchen kommt vor allem bei Kindern gut an.«

(fertig in 50 Minuten)

QUINOA-KÖFTE IM SALATBETT

Für 30 Bällchen:
250 g Quinoa
1 gestr. TL Jodsalz
150 g gekochte Pellkartoffeln vom Vortag
1 Knoblauchzehe
5–6 Frühlingszwiebeln (100 g)
2 Bund glatte Petersilie (50 g)
2 Zitronen
3 gestr. EL Cig-Köfte-Würzmischung (aus dem türkischen Lebensmittelgeschäft)
4 EL Leinöl mit DHA aus Algenöl
3 EL Paprikapaste (aus dem Glas, z. B. Ajvar)
3 EL Tomatenmark
2 Romanasalatherzen

Die **Quinoa** in einem mittelgroßen Topf mit heißem Wasser spülen. Das Wasser vorsichtig abgießen, sobald sich die Körnchen abgesetzt haben. Diesen Vorgang noch zweimal wiederholen. Danach 2 cm hoch frisches Wasser zugießen, das **Jodsalz** zugeben, aufkochen und die Körner bei schwacher Hitze 7 Minuten köcheln lassen. Den Herd ausschalten und die Quinoa noch 12–15 Minuten ausquellen lassen. Dann auf einem großen Teller ausbreiten und abkühlen lassen • Inzwischen die **Kartoffeln** pellen und in eine Schüssel reiben. Den **Knoblauch** schälen und dazureiben. Die **Frühlingszwiebeln** putzen, waschen, längs vierteln und fein hacken. Die **Petersilie** waschen, trocken tupfen und die Blättchen fein hacken. 1 **Zitrone** auspressen • Frühlingszwiebeln, Petersilie, Zitronensaft, Quinoa, **Würzmischung**, **Leinöl**, **Paprikapaste** und **Tomatenmark** zu den Kartoffeln geben und alles zu einer formbaren Masse verkneten. Die Masse nach Belieben mit mehr Zitronensaft, Jodsalz oder Würzmischung abschmecken • Die **Salatherzen** zerteilen, waschen und trocken schleudern • Auf vier Teller 10 Salatblätter für eine große und 5 Salatblätter für eine kleine Portion auslegen. Aus der Quinoamasse mit den Händen 30 Bällchen formen und auf den Salatblättern anrichten. Die restliche Zitrone in Spalten schneiden und zu den Köfte servieren.

(fertig in 45 Minuten + 15 Minuten Backen)

KNUSPRIGE MINI-BÖREKS MIT SPINAT

Für 24 Stück:

Für die Böreks:
24 dreieckige oder 6 rechteckige Yufkateigblätter (aus dem Kühlregal)
400 g Blattspinat (ersatzweise tiefgekühlter Spinat, aufgetaut und abgetropft)
2 Bund Petersilie (50 g)
1 große Zwiebel
2 Knoblauchzehen
1 Bio-Zitrone
3 EL Olivenöl
250 g Nuss-Käse (s. S. 55)
2 EL Granatapfelsirup
1 geh. EL edelsüßes Paprikapulver
Jodsalz und Pfeffer
3 EL schwarze und weiße Sesamsamen zum Bestreuen

Für die Knusperschicht:
40 g Tapiokastärke (aus dem Asialaden)
20 g natürlicher Hefeextrakt (z. B. von Vitam)
4 EL Rapsöl
1 gestr. TL Jodsalz

Für die Böreks die **Teigblätter** aus dem Kühlschrank nehmen. Den **Spinat** waschen, abtropfen lassen und grob hacken. Die **Petersilie** waschen, trocken tupfen und die Blättchen fein hacken. Die **Zwiebel** und den **Knoblauch** schälen und fein hacken. Die **Zitrone** heiß abwaschen und abtrocknen. Etwas Schale abreiben und die Frucht auspressen • Für die Knusperschicht alle Zutaten mit 3 EL Wasser glatt rühren. Ist die Mischung zu trocken, esslöffelweise noch Wasser zufügen, bis die Masse fließfähig, jedoch nicht flüssig ist • Das **Olivenöl** in einer Pfanne erhitzen und Zwiebel und Knoblauch darin glasig dünsten. Spinat und Petersilie zugeben und bei schwacher Hitze zugedeckt dünsten, bis der Spinat zusammenfällt. Zitronenschale, 2 EL Zitronensaft, **Granatapfelsirup** und **Paprikapulver** unterrühren und den Spinat mit **Jodsalz** und **Pfeffer** abschmecken • Den Backofen auf 200 °C (Ober-/Unterhitze) vorheizen, ein Backblech mit Backpapier belegen. Die Teigblätter nebeneinander auf die Arbeitsfläche legen, sodass die Basis zum Körper zeigt (rechteckige Teigblätter vorher in je 4 Dreiecke schneiden). Je 2 TL Spinat auf die Basisseite der Dreiecke verteilen, dabei rechts und links einen schmalen Rand lassen. Jeweils etwas **Nuss-Käse** auf den Spinat krümeln, die Ränder einschlagen und die Dreiecke aufrollen. Die Röllchen mit der Teigspitze nach unten auf das Backblech legen • Mit einem Teelöffel auf jedes Röllchen etwas Tapiokamischung träufeln und leicht verlaufen lassen. Die Böreks mit Sesam bestreuen und im Ofen (Mitte) in 10–15 Minuten knusprig braun backen.

»Mini-Böreks schmecken warm aus dem Ofen, machen aber eine ebenso gute Figur auf dem Vorspeisenbüfett oder in der Snackbox für unterwegs.«

»Das schmeckt nach Meer! In Europa kennt man Nori-Algen vor allem vom Sushi. Inzwischen sind sie aber in jedem gut sortierten Supermarkt oder Bioladen erhältlich. Mehr zu Algen und Jod erfahren Sie auf den Seiten 147 und 165.«

(fertig in 20 Minuten)

TRAMEZZINI AL MARE

Für 8 Tramezzini:
100 g tiefgekühlte Erbsen
240 g gegarte weiße Bohnen (aus der Dose oder selbst gekocht, s. S. 144)
60 g Kapern (aus dem Glas)
100 g Artischocken (aus dem Glas)
1 Noriblatt
150 g Mayonnaise (aus dem Glas oder selbst gemacht, s. S. 139)
Jodsalz und Pfeffer
8 große Sandwichbrotscheiben

Die **Erbsen** nach Packungsangabe in wenig Wasser garen, in ein Sieb abgießen und abkühlen lassen • Die **Bohnen** in einem Sieb kalt abspülen und abtropfen lassen. Dann in einer Schüssel mit einer Gabel oder mit den Händen grob zerdrücken, sodass sie noch etwas Struktur haben. Die **Kapern** und die **Artischocken** abtropfen lassen und klein würfeln. Das **Noriblatt** mehrfach falten und mit einer Schere in möglichst feine Stückchen schneiden • Erbsen, Kapern, Artischocken, Noristückchen und **Mayonnaise** zu den Bohnen geben und verrühren. Die Bohnencreme mit **Jodsalz** und **Pfeffer** abschmecken • Die **Brotscheiben** nach Belieben entrinden und 4 Scheiben mit der Bohnencreme bestreichen. Die restlichen Brotscheiben auflegen und die Sandwiches diagonal halbieren.

(fertig in 30 Minuten)

PILZSANDWICH DE LUXE

Für 4 Sandwiches:

Für die Remouladensauce:
10 g Kapern (aus dem Glas)
1 kleine Gewürzgurke (aus dem Glas)
½ Bund Schnittlauch (12 g)
125 g Mayonnaise (aus dem Glas oder selbst gemacht, s. S. 139)

Für die Sandwiches:
8 Kopfsalatblätter
1 Fleischtomate (z. B. Ochsenherz-Tomate)
1 rote Zwiebel
2 Knoblauchzehen
200 g Räuchertofu
4 große Austernpilze
2 EL Kokosöl
Jodsalz und Pfeffer (nach Belieben)
4 Vollkornbrötchen
Ketchup und Senf (nach Belieben)

Für die Remouladensauce die **Kapern** klein hacken und die **Gewürzgurke** möglichst fein würfeln. Den **Schnittlauch** waschen, trocken tupfen und in feine Röllchen schneiden. Alles unter die **Mayonnaise** rühren • Für die Sandwiches den **Salat** waschen und trocken tupfen. Die **Tomate** waschen und in Scheiben schneiden, dabei den Stielansatz entfernen. Die **Zwiebel** schälen und in feine Ringe schneiden, den **Knoblauch** schälen und fein hacken. Den **Räuchertofu** in vier dünne Scheiben schneiden und zwischen Küchenpapier ausdrücken. Die **Pilze** putzen • In einer Pfanne 1 EL **Kokosöl** bei starker Hitze heiß werden lassen und den Räuchertofu darin von beiden Seiten knusprig anbraten. Aus der Pfanne nehmen und auf Küchenpapier abkühlen lassen. Das restliche Kokosöl in die Pfanne geben, die Hitze reduzieren und die Pilze darin von beiden Seiten je 3–4 Minuten braun braten. Kurz vor Garzeitende den Knoblauch zugeben und mitbraten. Die Pilze auf Küchenpapier abtropfen lassen und nach Belieben mit **Jodsalz** und **Pfeffer** würzen • Die **Brötchen** aufschneiden und die Schnittflächen mit der Remoulade bestreichen. Auf die Böden je 1 Salatblatt, Zwiebelringe, Tomatenscheiben, 1 Pilz, etwas Knoblauch und 1 Tofuscheibe schichten. Nach Belieben noch einen Klecks **Senf** und **Ketchup** daraufgeben, die Brötchen zusammenklappen und servieren.

»Das Lupinenmehl verbessert die Proteinqualität der Riegel enorm. Wer keines bekommt oder es nicht mag, ersetzt es einfach durch Haferflocken. Die Flapjacks schmecken auch mit Rosinen statt mit Kirschen fein.«

(fertig in 15 Minuten + 30 Minuten Backen + 2 Stunden Abkühlen)

KIRSCH-MANDEL-FLAPJACKS

Für etwa 24 Riegel:
250 g Margarine ohne gehärtete Fette
oder Kokosöl
80 g getrocknete Kirschen
190 g zarte Haferflocken
190 g kernige Haferflocken
60 g Lupinenmehl
80 g Ahornsirup
100 g Vollrohrzucker
60 g gehackte Mandeln
½ TL gemahlene Vanille
½ TL gemahlener Zimt
½ TL Jodsalz

Den Backofen auf 150 °C (Umluft) vorheizen. Ein Backblech oder eine Auflaufform mit Backpapier auslegen • Die **Margarine** in einem Topf bei schwacher Hitze schmelzen. Die **Kirschen** vierteln und mit **Haferflocken**, **Lupinenmehl**, **Ahornsirup**, **Zucker**, **Mandeln**, **Vanille**, **Zimt** und **Jodsalz** zur flüssigen Margarine geben. Alles sorgfältig verrühren und die Masse gut 2 cm dick auf das Blech streichen. Mit einem Tortenheber oder einem anderen Küchenwerkzeug festdrücken • Die Masse im Ofen (Mitte) 30 Minuten backen, bis die Ränder sich zartbraun färben. Das Backblech herausnehmen, die Flapjackmasse nochmals festdrücken und mindestens 2 Stunden abkühlen lassen, bis die Masse schnittfest ist. Danach mit einem scharfen Messer in etwa 24 rechteckige Riegel schneiden.

SIEBEN FÜR EINEN STREICH

»Voilà: Sieben Köstlichkeiten für jede Gelegenheit. Ob zur gemütlichen Brotzeit (s. S. 140), als Sandwichfüllung für unterwegs, als Dip zu Rohkost und hausgemachtem Chapati-Brot (s. S. 143) oder als Zutat für Pasta & Co. – diese Aufstriche sind extrem vielseitig … Mein Tipp: Lassen Sie sie vor dem Servieren 1 Stunde durchziehen, dann entfalten sie ihr volles Aroma.«

KLASSISCHES HUMMUS

(fertig in 10 Minuten)

Für etwa 400 g:
240 g gegarte Kichererbsen (aus der Dose oder selbst gekocht, s. S. 144)
1–2 Knoblauchzehen
4 EL Zitronensaft
70 g Tahin (Sesammus)
3 EL Olivenöl
1 gestr. TL Jodsalz
frische Petersilie oder Koriandergrün (nach Belieben)

Die **Kichererbsen** in einem Sieb kalt abspülen und gut abtropfen lassen. Den **Knoblauch** schälen. Die Kichererbsen mit Knoblauch, **Zitronensaft**, **Tahin**, 2 EL **Olivenöl** und **Jodsalz** im Mixer oder mit dem Pürierstab cremig mixen • Das Hummus in eine Schale füllen und sofort servieren oder mit Frischhaltefolie abgedeckt vorher im Kühlschrank 1 Stunde durchziehen lassen. Zum Servieren mit dem restlichen Olivenöl beträufeln und nach Belieben mit **Petersilie** bestreuen.

PAPRIKA-HUMMUS

(fertig in 10 Minuten)

Für etwa 500 g:
1 Schalotte oder kleine Zwiebel
1 Knoblauchzehe
200 g eingelegte gegrillte Paprikaschoten (aus dem Glas)
240 g gegarte Kichererbsen (aus der Dose oder selbst gekocht, s. S. 144)
15 g Edelhefeflocken
1 EL edelsüßes Paprikapulver
1–2 EL Zitronensaft
1 TL milder Senf
½ TL Jodsalz

Schalotte und **Knoblauch** schälen und grob hacken. Die **Paprikaschoten** gut ausdrücken und etwas kleiner schneiden • Alles mit **Kichererbsen**, **Hefeflocken**, **Paprikapulver**, **Zitronensaft**, **Senf** und **Salz** im Mixer oder mit dem Pürierstab cremig mixen • Das Paprika-Hummus in eine Schale füllen und sofort servieren oder mit Frischhaltefolie abgedeckt vorher im Kühlschrank 1 Stunde durchziehen lassen.

KIDNEYBOHNEN-PATÉ

(fertig in 20 Minuten)

Für etwa 450 g:
100 g Räuchertofu
1 Zwiebel
1 Knoblauchzehe
25 g Kokosöl
240 g gegarte Kidneybohnen (aus der Dose oder selbst gekocht, s. S. 144)
2 TL getrockneter Majoran
½ TL gemahlener Kümmel oder Kreuzkümmel (Cumin)
20 g natürlicher Hefeextrakt (z. B. von Vitam)
Jodsalz und schwarzer Pfeffer

Den **Räuchertofu** in Scheiben schneiden, zwischen Küchenpapier gut ausdrücken und fein würfeln. **Zwiebel** und **Knoblauch** schälen und beides fein hacken • Das **Kokosöl** in einer Pfanne bei starker Hitze heiß werden lassen und den Räuchertofu darin kross anbraten. Die Zwiebel zugeben und einige Minuten mitbraten. Dann die Hitze reduzieren, den Knoblauch zugeben und ebenfalls braten • Tofumischung, **Kidneybohnen**, **Majoran**, **Kümmel** und **Hefeextrakt** mit dem Pürierstab cremig mixen. Die Paté kräftig mit **Jodsalz** und **Pfeffer** abschmecken • Sofort servieren oder vorher im Kühlschrank 1 Stunde durchziehen lassen.

TOMATEN-CRUNCH

(fertig in 15 Minuten)

Für etwa 300 g:
40 g getrocknete Soft-Tomaten
40 g Tomatenmark
40 g Leinöl mit DHA aus Algenöl
125 g weiche Margarine ohne gehärtete Fette
1 TL Ahornsirup
Jodsalz und Pfeffer
1 TL Rapsöl
40 g Buchweizenschrot

Die **Soft-Tomaten** klein hacken. Die Stücke mit **Tomatenmark**, **Leinöl**, **Margarine** und **Ahornsirup** in einen Rührbecher geben und mit dem Pürierstab cremig mixen. Die Creme mit je ½ TL **Jodsalz** und **Pfeffer** abschmecken • Eine Pfanne mit **Rapsöl** ausstreichen und erwärmen. Den **Buchweizenschrot** mit 1 Msp. Jodsalz darin bei schwacher Hitze knusprig braun rösten. Kurz abkühlen lassen, dann unter den Tomaten-Crunch rühren • Den Aufstrich sofort servieren.

MUTABBAL – DAMASZENER AUBERGINENCREME

(fertig in 30 Minuten + 30 Minuten Rösten)

Für etwa 300 g:
2 schlanke Auberginen
1 große Knoblauchzehe
½ Bio-Zitrone
40 g Tahin (Sesammus)
3 EL Olivenöl
½ Bund glatte Petersilie oder Koriandergrün (12 g)
Jodsalz und schwarzer Pfeffer
Schnittlauchhalme zum Servieren

Den Backofengrill vorheizen. Die **Auberginen** waschen, mit einem scharfen Messer rundum mehrmals tief einstechen und auf ein Backblech legen. Die Früchte unter dem Grill 30–45 Minuten rösten, bis die Haut schwarz ist. Dabei alle 15 Minuten wenden • Die Auberginen aus dem Ofen nehmen und etwas abkühlen lassen. Dann aufschneiden, das Fruchtfleisch mit einem Löffel herausschaben, klein hacken und in einem Sieb gut abtropfen lassen • Inzwischen den **Knoblauch** schälen und durch die Presse drücken. Die **Zitrone** heiß abwaschen und abtrocknen. Etwas Schale abreiben und den Saft auspressen • Knoblauch, Zitronenschale und -saft, **Tahin** und 2 EL **Olivenöl** in einer Schüssel verrühren. Die **Petersilie** waschen, trocken tupfen und die Blätter hacken (Koriandergrün mit den Stielen hacken). Petersilie und Auberginenfruchtfleisch unter die Tahincreme rühren. Mit **Jodsalz** und **Pfeffer** abschmecken. Die Auberginencreme in eine Schale füllen und sofort servieren oder vorher bei Zimmertemperatur 1 Stunde durchziehen lassen • Zum Servieren mit dem restlichen Olivenöl beträufeln und mit den Schnittlauchhalmen bestreuen.

VARIANTE Im Sommer schmecken Auberginen vom Holzkohlegrill. Dafür Tahin, Olivenöl, Knoblauch, etwas abgeriebene Schale und Saft von 1 Bio-Zitrone verquirlen und mit Jodsalz und Pfeffer abschmecken. 2 Auberginen rundum mehrmals einstechen und am Rand des Grillrosts rösten, bis sie dunkel sind. Etwas abkühlen lassen, dann längs halbieren und die Hälften auf vier Teller anrichten. Mit der Sauce beträufeln und das Fruchtfleisch aus der Schale löffeln.

NUSS-KÄSE

(fertig in 10 Minuten + 8 Stunden Quellen)

Für etwa 300 g:
200 g Cashewkerne
stilles Mineralwasser
1 gestr. TL Jodsalz
3 EL Zitronensaft
20 g Edelhefeflocken
frisch gehackte Kräuter (nach Belieben, z. B. je 10 g Schnittlauch, Bärlauch und Petersilie)
1–2 TL getrockneter Schabzigerklee oder edelsüßes Paprikapulver (nach Belieben)

Die **Cashewkerne** in einem Becher mit **Mineralwasser** bedecken und 8 Stunden einweichen • Danach die Cashews in ein Sieb abgießen und dabei das Einweichwasser auffangen. Die Cashewkerne mit **Jodsalz**, **Zitronensaft** und 3 EL Einweichwasser mit dem Pürierstab oder im Standmixer cremig pürieren. Zuletzt die **Edelhefeflocken** untermixen und nach Belieben die **Kräuter** unterrühren. Den Nuss-Käse sofort servieren oder abgedeckt vorher 1 Stunde durchziehen lassen • Zum Servieren nach Belieben zu Bällchen formen und in Kräutern, Schabzigerklee oder Paprikapulver wälzen. Im Kühlschrank aufbewahrt hält sich der Nuss-Käse einige Tage.

EIEIEI-AUFSTRICH

(fertig in 20 Minuten)

Für etwa 500 g:
200 g Tofu
100 g Gewürzgurken (aus dem Glas)
1 gestr. TL Kala Namak
1 gestr. TL Kurkuma
1 gestr. TL edelsüßes Paprikapulver
1 TL Johannisbrotkernmehl
1 Bund Schnittlauch (25 g)
1 kleine Zwiebel
150 g Mayonnaise (aus dem Glas oder selbst gemacht, s. S. 139)
Jodsalz und Pfeffer

Den **Tofu** zwischen Küchenpapier gründlich ausdrücken und mit den Händen grob in eine Schüssel bröseln. Die Hälfte der **Gewürzgurken** in kleine Stücke schneiden. Mit **Kala Namak**, **Kurkuma**, **Paprikapulver** und **Johanisbrotkernmehl** zum Tofu geben. Dann alles mit dem Pürierstab cremig mixen • Den **Schnittlauch** waschen, trocken tupfen und in feine Röllchen schneiden. Die **Zwiebel** schälen und mit den restlichen Gurken sehr fein würfeln. Schnittlauch, Gurken, Zwiebel und **Mayonnaise** unter die Tofucreme rühren. Den Aufstrich kräftig mit **Jodsalz** und **Pfeffer** abschmecken • Sofort servieren oder abgedeckt vorher im Kühlschrank 1 Stunde durchziehen lassen.

HEISS UND KNACKIG

SUPPEN UND SALATE

(fertig in 40 Minuten)

PERSISCHE KRÄUTERSUPPE MIT GERSTE UND LINSEN

Für 2 kleine und 2 große Esser:

Für die Suppe:

je 100 g Nacktgerste und Berglinsen (am Vorabend eingeweicht, s. S. 144)
je 2 Bund glatte Petersilie, Koriandergrün und Schnittlauch (à 25 g)
½ Bund Dill (12 g)
1 Zwiebel
3 EL Rapsöl
1 TL getrockneter Estragon
1 TL Kurkuma
500 ml stilles Mineralwasser
Jodsalz
5 entsteinte Backpflaumen
1 Zitrone
Pfeffer

Für die Cashewsahne:

100 g Cashewkerne (am Vorabend in 150 ml stillem Mineralwasser eingeweicht)

Für die Suppe eingeweichte **Gerste** und **Linsen** in einem Sieb kalt abspülen und in einen Topf geben. Mit Wasser bedecken und bei schwacher Hitze etwa 15 Minuten garen. Danach in ein Sieb abgießen und abtropfen lassen • Inzwischen die **Kräuter** waschen und trocken schütteln. Die Blättchen und Spitzen von Petersilie und Dill fein schneiden. Das Koriandergrün mit den zarten Stielen fein hacken, den Schnittlauch in feine Röllchen schneiden. Die **Zwiebel** schälen und fein würfeln • Das **Rapsöl** in einem großen Topf erhitzen und die Zwiebel darin glasig dünsten. **Estragon** und **Kurkuma** unterrühren und mitdünsten, bis sie duften. Das **Mineralwasser** dazugießen und aufkochen. Gerste, Linsen, Kräuter und 1 TL **Jodsalz** zugeben und alles bei schwacher Hitze etwa 10 Minuten sanft köcheln lassen • Währenddessen für die Cashewsahne die **Cashewkerne** samt Einweichwasser mit dem Pürierstab oder in der Küchenmaschine (Messereinsatz) zu cremiger Sahne mixen. Die **Backpflaumen** in feine Würfel schneiden, die **Zitrone** auspressen • Von der Suppe ein Drittel abnehmen und beiseitestellen. Die restliche Suppe fein pürieren. Die Suppe mit dem Zitronensaft, Jodsalz und **Pfeffer** abschmecken und in vier Teller anrichten. Jeweils 1 Löffel körnige Suppe, einen Klecks Cashewsahne und einige Pflaumenwürfel daraufgeben.

»Allein schon für den herrlichen Duft möchte man diese Suppe kochen ... Die Kräuter machen sie aromatisch, die Gerste gibt ihr Biss, die Sahne Cremigkeit und die Pflaumen Süße. Und dann ist sie auch noch so schrecklich gesund!«

(fertig in 30 Minuten)

ZITRONENGRAS-KOKOS-SUPPE

Für 2 kleine und 2 große Esser:

5 Stängel Zitronengras
1 Knoblauchzehe
1 daumengroßes Stück Ingwer
2 EL Rapsöl
400 ml Gemüsebrühe
400 ml Kokosmilch
3 Frühlingszwiebeln (50 g)
80 g Champignons oder Shiitakepilze
1 Karotte
3 EL Wakame-Algen
1–2 EL Sojasauce
Cayennepfeffer (nach Belieben)
1 Limette
frisch gehackte Petersilie zum Servieren

Das **Zitronengras** putzen und in Ringe schneiden. Den **Knoblauch** und den **Ingwer** schälen und beides klein würfeln • Das **Rapsöl** in einem großen Topf bei mittlerer Hitze erwärmen. Zitronengras, Knoblauch und Ingwer darin glasig dünsten. Die **Gemüsebrühe** und die **Kokosmilch** dazugießen, aufkochen und alles bei schwacher Hitze 10 Minuten köcheln lassen • Inzwischen die **Frühlingszwiebeln** putzen, waschen und in feine Ringe schneiden. Die **Champignons** putzen und in Scheiben schneiden. Die **Karotte** dünn schälen und mit dem Gemüsehobel in sehr feine Stifte oder in dünne Scheiben hobeln. Die **Wakame-Algen** kurz in Wasser einweichen, dann in Streifen schneiden • Die Suppe durch ein Sieb in einen zweiten Topf gießen und mit der **Sojasauce** und nach Belieben mit **Cayennepfeffer** abschmecken. Frühlingszwiebeln, Pilze, Karotte und Wakame einrühren, die Suppe nochmals aufkochen und 3–5 Minuten ziehen lassen • Die **Limette** auspressen und den Saft in die Suppe rühren. Die Suppe in vier Schalen anrichten und mit **Petersilie** bestreut servieren.

(fertig in 45 Minuten)

MEDITERRANE KARTOFFELSUPPE MIT ESTRAGON

Für 2 kleine und 2 große Esser:

1 große Zwiebel
1 Stange Lauch
100 g Knollensellerie
400 g Kartoffeln
½ Zweig frischer Rosmarin
2 EL Olivenbratöl
700 ml Gemüsebrühe
200 g gelbe Schälerbsen (am Vorabend eingeweicht, s. S. 144)
1 EL Agavendicksaft
1 ½ EL getrockneter Estragon
1 EL aromatisches Olivenöl extra nativ (nach Belieben)

Die **Zwiebel** schälen und fein würfeln. Den **Lauch** putzen, sorgfältig waschen und in Ringe schneiden. Den **Sellerie** schälen und sehr klein würfeln, die **Kartoffeln** schälen und in etwa 1 ½ cm große Würfel schneiden. Den **Rosmarin** waschen, trocken tupfen, die Nadeln abzupfen und fein hacken • Das **Bratöl** in einem großen Topf bei mittlerer Hitze erwärmen. Zwiebel, Lauch und Sellerie darin glasig dünsten. Die **Gemüsebrühe** dazugießen, Kartoffeln, Rosmarin, **Schälerbsen**, **Agavendicksaft** und **Estragon** dazugeben. Alles aufkochen und die Suppe bei schwacher Hitze etwa 20 Minuten köcheln lassen, bis die Erbsen weich sind • Die Suppe in vier Teller anrichten, nach Belieben jeweils mit einigen Tropfen **Olivenöl** beträufeln und servieren.

»Dieses aromatische Süppchen kommt immer gut an. Statt mit Sellerie bereite ich es auch gerne mal mit Fenchel zu, den ich in feine Streifen schneide.«

»Im Sommer tausche ich die Orange gerne gegen eine Zitrone aus. Damit schmeckt die Suppe wunderbar frisch. Wer sie lieber cremig mag, püriert die fertige Suppe einfach noch.«

(fertig in 40 Minuten)

LINSEN-CURRY-SUPPE MIT KOKOSSAHNE

Für 2 kleine und 2 große Esser:

1 große Zwiebel
1 große Knoblauchzehe
1 daumengroßes Stück Ingwer
300 g Karotten
200 g Kartoffeln
1 rote oder gelbe Paprikaschote
3 EL Rapsöl
1 gestr. EL mildes Currypulver (oder scharfes Currypulver, wenn keine Kinder mitessen)
400 ml gekühlte Kokosmilch
500 ml Gemüsebrühe
200 g rote Linsen
1 Bio-Orange
Jodsalz
Cayennepfeffer (nach Belieben)
20 g gehackte Pistazien

Zwiebel, **Knoblauch** und **Ingwer** schälen und möglichst fein würfeln. Die **Karotten** schälen, zuerst längs in Scheiben, dann in Stifte und diese in etwa linsengroße Würfel schneiden. Die **Kartoffeln** schälen und in etwa 1 cm große Würfel schneiden. Die **Paprikaschote** waschen, putzen und klein würfeln • Das **Rapsöl** in einem Topf bei mittlerer Hitze erwärmen und Zwiebel, Knoblauch und Ingwer darin glasig dünsten. Das **Currypulver** darüberstreuen und unterrühren • Von der **Kokosmilch** die feste Sahne mit einem Löffel abheben und in einem Rührbecher kühl stellen. Die flüssige Kokosmilch und die **Gemüsebrühe** zur Zwiebel gießen und aufkochen. Karotten, Kartoffeln und Paprika zugeben und alles bei schwacher Hitze 10 Minuten köcheln lassen • Die **Linsen** in einem Sieb kalt abspülen und zur Suppe geben. Die Suppe wieder aufkochen, dann bei schwacher Hitze 5–10 Minuten köcheln lassen, bis die Linsen weich, aber nicht zerfallen sind • Inzwischen die **Orange** heiß abwaschen und abtrocknen. Die Hälfte der Schale abreiben und die Frucht auspressen. Orangenschale, 1 Msp. **Jodsalz** und die gekühlte Kokossahne mit dem Pürierstab cremig mixen • Den Orangensaft in die Suppe rühren und diese mit Jodsalz und nach Belieben mit **Cayennepfeffer** abschmecken. Die Suppe in vier Teller anrichten, jeweils einen Klecks Kokossahne daraufgeben, mit **Pistazien** bestreuen und servieren.

(fertig in 20 Minuten)

SÜSSSAURER LINSENSALAT MIT WALNUSSKROKANT

Für 2 kleine und 2 große Esser:

Für den Salat:
100 g Belugalinsen
2 Zitronen
3 EL Leinöl mit DHA aus Algenöl
1 gestr. TL Jodsalz
200 g Staudensellerie
20 g entsteinte Datteln
1 kleiner Bio-Apfel
frisch gehackte Petersilie zum Servieren

Für den Walnusskrokant:
50 g Walnusskerne
2 EL Rapsöl
1 EL Vollrohrzucker

Die **Linsen** waschen und nach Packungsangabe garen. Danach in ein Sieb abgießen, kalt abspülen und abtropfen lassen • Inzwischen die **Zitronen** auspressen. Den Zitronensaft mit **Leinöl** und **Jodsalz** zu einem Dressing verquirlen. Den **Staudensellerie** waschen, putzen, trocken tupfen und in sehr feine Scheiben schneiden. Die **Datteln** längs vierteln und sehr fein würfeln. Den **Apfel** waschen, vierteln und das Kerngehäuse entfernen. Die Viertel in kleine Würfel schneiden. Sellerie, Datteln und Apfel in einer Schüssel mit dem Dressing mischen • Für den Walnusskrokant die **Walnusskerne** grob hacken. Eine kleine Pfanne bei schwacher bis mittlerer Hitze erwärmen. Das **Rapsöl** und die Nüsse hineingeben, mit dem **Zucker** bestreuen und unter gelegentlichem Rühren karamellisieren lassen. Den Walnusskrokant auf einem Küchenbrett oder Backpapier ausbreiten und abkühlen lassen • Die Linsen unter den Salat heben. Den Salat auf vier Teller anrichten und mit dem Walnusskrokant und **Petersilie** bestreuen.

»Wenn's schnell gehen muss, verzichte ich auf das Karamellisieren und streue einfach die gehackten Walnüsse auf den Salat. Statt der Nüsse schmecken auch fein gewürfelte Karotten, sie machen den Salat schön knackig.«

(fertig in 50 Minuten + 1 Stunde Marinieren)

FRUCHTIGER KARTOFFELSALAT MIT AVOCADOCREME

Für 2 kleine und 2 große Esser:

Für den Salat:
700 g festkochende Kartoffeln
Jodsalz
1 EL Instant-Gemüsebrühe
1 große rote Zwiebel
2 Zitronen
1 EL mittelscharfer Senf
Pfeffer
240 g gegarte Canellini-Bohnen (aus der Dose oder selbst gekocht, s. S. 144)
½ Bio-Salatgurke
½ Mango
1 Bund Schnittlauch (25 g)

Für die Avocadocreme:
1 kleine Knoblauchzehe
2 kleine Orangen
1 reife Avocado
3 EL Leinöl mit DHA aus Algenöl
1 Msp. Jodsalz

Für den Salat die **Kartoffeln** mit Schale in **Salzwasser** etwa 20 Minuten garen. Danach abgießen, ausdampfen und etwas abkühlen lassen • Inzwischen 50 ml Wasser aufkochen, die **Gemüsebrühe** darin auflösen und etwas abkühlen lassen. Die **Zwiebel** schälen, halbieren und in dünne Scheiben schneiden. Die **Zitronen** auspressen. Saft, Zwiebeln und **Senf** in die Brühe rühren • Die Kartoffeln pellen und in dicke Scheiben schneiden. Die Scheiben in eine Schüssel schichten, dabei jede Lage leicht mit Jodsalz und **Pfeffer** bestreuen und mit etwas Brühe beträufeln. Die Kartoffeln mindestens 1 Stunde durchziehen lassen • Kurz vor dem Servieren für die Avocadocreme den **Knoblauch** schälen und fein hacken. Die **Orangen** auspressen. Die **Avocado** halbieren, entkernen und das Fruchtfleisch aus der Schale lösen. Mit Knoblauch, Orangensaft, **Leinöl** und **Jodsalz** cremig pürieren • Die **Bohnen** in einem Sieb kalt abspülen und abtropfen lassen. Die **Salatgurke** waschen, längs vierteln und in Stücke schneiden. Die **Mango** schälen, das Fruchtfleisch flach vom Stein schneiden und in ebenso große Stücke teilen. Den **Schnittlauch** waschen, trocken tupfen und in feine Röllchen schneiden. Bohnen, Gurke, Mango und drei Viertel vom Schnittlauch unter die Kartoffeln heben • Die Avocadocreme über den Salat geben und mit dem restlichen Schnittlauch bestreuen.

»Papaya ist gesund! Das Enzym Papain sorgt für eine gute Verdauung und unterstützt eine gesunde Darmflora. Die Papaya wirkt entzündungshemmend, antioxidativ und antikanzerogen. Wer mag, kann übrigens auch die scharf-bitteren Kerne verwenden. Sie sind reich an Vitalstoffen und geben dem Salat eine besondere Würze.«

(fertig in 20 Minuten)

ASIATISCHER PAPAYA-SALAT

Für 2 kleine und 2 große Esser:
200 g tiefgekühlte Erbsen
Jodsalz
1 große unreife Papaya (aus dem Asialaden, ersatzweise 1 Mango und 1 kleine entkernte Salatgurke)
1–2 Limetten
1 große Knoblauchzehe
200 g Kirschtomaten
1 Noriblatt
80 g crunchy Erdnussmus (aus dem Glas, ersatzweise 40 g Erdnusscreme und 40 g gehackte geröstete Erdnüsse)
2 EL Leinöl mit DHA aus Algenöl
1 EL geröstetes Sesamöl
4 EL Sojasauce
Tabasco, Cayennepfeffer oder frisch gehackte Chilischoten (nach Belieben)

Die **Erbsen** nach Packungsangabe in wenig **Salzwasser** 1–2 Minuten bissfest garen und abkühlen lassen. Die **Papaya** mit dem Sparschäler schälen, waschen und halbieren. Die Kerne mit einem Löffel herausschaben und das Fruchtfleisch nach Belieben fein raspeln oder in feine Stifte schneiden • 1 **Limette** auspressen, den **Knoblauch** schälen und durch die Presse drücken. Die **Kirschtomaten** waschen und vierteln. Das **Noriblatt** mehrfach falten und mit einer Schere in möglichst feine Stückchen schneiden • Erbsen, Papaya, Limettensaft, Knoblauch, Tomaten, Noristückchen, **Erdnussmus**, **Leinöl**, **Sesamöl** und **Sojasauce** in einer Salatschüssel mischen. Den Salat nach Geschmack noch mit mehr Sojasauce, Limettensaft und nach Belieben mit **Tabasco** abschmecken.

VARIANTE Wenn Sie im Asialaden Flügelbohnen (Goabohnen) bekommen, verwenden Sie diese statt der Erbsen. Sie verwandeln den Salat in eine wahre Eisen- und Calciumbombe.

(fertig in 20 Minuten + 30 Minuten Marinieren)

SYLTER SALAT MIT MEERESBRISE

Für 2 kleine und 2 große Esser:

240 g gegarte Kidneybohnen (aus der Dose oder selbst gekocht, s. S. 144)
1 Noriblatt
1 Bund Dill (25 g)
1 kleine Zwiebel
100 g Gewürzgurken (aus dem Glas)
1 Bio-Apfel
200 g gekochte Rote Bete (vakuumverpackt)
200 g Mayonnaise (aus dem Glas oder selbst gemacht, s. S. 139)
Jodsalz und schwarzer Pfeffer (nach Belieben)
8 Scheiben Vollkornbrot zum Servieren (z. B Würziges Landbrot, s. S. 140)

Die **Kidneybohnen** in einem Sieb kalt abspülen und abtropfen lassen. Dann in einer Schüssel mit einer Gabel oder mit den Händen grob zerdrücken • Das **Noriblatt** mehrfach falten und mit einer Schere in möglichst feine Stückchen schneiden. Den **Dill** waschen, trocken tupfen und die Spitzen fein schneiden. Die **Zwiebel** schälen und mit den **Gewürzgurken** möglichst fein würfeln. Den **Apfel** waschen, vierteln und das Kerngehäuse entfernen. Die Viertel und die **Rote Bete** klein würfeln • Nori, Dill, Zwiebel, Gewürzgurken, Apfel, Rote Bete und **Mayonnaise** unter die Bohnen mischen. Den Salat nach Belieben mit **Jodsalz** und **Pfeffer** abschmecken und mindestens 30 Minuten im Kühlschrank durchziehen lassen • Den Salat danach auf vier Teller anrichten und mit frischem **Vollkornbrot** servieren.

(fertig in 30 Minuten)

FELDSALAT MIT TOFU, ORANGE UND GRANATAPFEL

Für 2 kleine und 2 große Esser:

100 g Feldsalat
1 kleiner Granatapfel
1 kleine Orange
50 g gemischte Kerne und Samen (z. B. Kürbis- und Sonnenblumenkerne, Sesamsamen)
100 g Räuchertofu
1 EL Kokosöl
1 EL weißer Balsamico-Essig
1 TL mittelscharfer Senf
½ TL Jodsalz
2 EL Leinöl mit DHA aus Algenöl oder Rapsöl

Den **Feldsalat** putzen, waschen und trocken schleudern. Den **Granatapfel** quer halbieren, mit der Hand in Stücke teilen und die Kerne herausbrechen. Die **Orange** schälen und das Fruchtfleisch in Stücke schneiden, dabei den Saft auffangen • Die **Kernemischung** in einer kleinen Pfanne ohne Fett bei schwacher Hitze rösten, bis sie duftet. Herausnehmen und beiseitestellen • Den **Räuchertofu** in kleine Würfel schneiden. Die Pfanne bei starker Hitze heiß werden lassen. Das **Kokosöl** hineingeben und den Tofu darin kross braten • **Essig**, **Senf**, **Jodsalz**, **Leinöl** und den aufgefangenen Orangensaft zu einem Dressing verquirlen. Das Dressing in einer Salatschüssel mit Feldsalat, Orangenstücken und Granatapfelkernen mischen. Den Salat auf vier Teller anrichten und mit dem gebratenen Tofu und der Kernemischung bestreut servieren.

WIR HABEN HUNGER, HUNGER, HUNGER!

HAUPTGERICHTE

»Mein persönlicher Favorit als schnelles Feierabendgericht: Dieser exotische Hingucker ist wirklich im Handumdrehen gezaubert und kommt bei Kindern und Erwachsenen gleichermaßen gut an.«

(fertig in 15 Minuten)

SAFRAN-SAHNE-GNOCCHI MIT ZUCCHINI

Für 2 kleine und 2 große Esser:

4 mittelgroße Zucchini
1 kleine Knoblauchzehe
1 kleiner Granatapfel
3 EL Kokosöl
500 g frische vegane Gnocchi (aus dem Kühlregal)
200 ml Sojasahne
1 Döschen Safranfäden (0,3 g)
1 TL Vollrohrzucker
Jodsalz und frisch gemahlener roter Pfeffer

Die **Zucchini** waschen, putzen, der Länge nach vierteln und in fingerbreite Würfel schneiden. Den **Knoblauch** schälen und fein hacken. Den **Granatapfel** quer halbieren, mit der Hand in Stücke teilen und die Kerne herausbrechen • Das **Kokosöl** in einer großen, hohen Pfanne bei starker Hitze heiß werden lassen und die Zucchiniwürfel darin etwa 2 Minuten anbraten. Dabei nicht zu oft wenden, sonst verlieren sie Wasser und bräunen nicht • Den Knoblauch zugeben und kurz mitbraten. Dann die **Gnocchi** einrühren und die **Sojasahne** dazugießen • Die **Safranfäden** mit dem **Vollrohrzucker** in einem Mörser zerstoßen. Sobald die Sojasahne in der Pfanne zu köcheln beginnt, den Safranzucker unterheben • Die Gnocchi auf vier Teller anrichten und mit den Granatapfelkernen bestreuen. Nach Geschmack mit **Jodsalz** und **Pfeffer** würzen und servieren.

»Mit gekochten Kartoffeln vom Vortag sind die Klöße in der halben Zeit fertig. Manchmal ersetze ich einen Teil des Dinkelmehls durch Grieß, das gibt den Klößen mehr Biss.«

(fertig in 1 Stunde 30 Minuten)

GEFÜLLTE KARTOFFELKLÖSSE IN ORIENTALISCHER TOMATENSAUCE

Für 6 Stück:

Für die Klöße:
800 g mehligkochende Kartoffeln
80 g Dinkelmehl (Type 630)
50 g Sojamehl
1 geh. TL Jodsalz
5 entsteinte Backpflaumen
15 g getrocknete Berberitzen (ersatzweise getrocknete ungesüßte Cranberrys)
24 Pistazienkerne
1 EL Rapsöl
Schnittlauchröllchen zum Servieren

Für die Tomatensauce:
1 Zwiebel
1 EL Rapsöl
1 TL getrocknete Minze
1 TL Kurkuma
600 g passierte Tomaten (Dose oder Tetrapack)
½ TL Jodsalz

Außerdem:
Kartoffelpresse

Für die Klöße die **Kartoffeln** mit Schale in kochendem Wasser etwa 20 Minuten garen • Inzwischen für die Tomatensauce die **Zwiebel** schälen und fein würfeln. Das **Rapsöl** in einem Topf bei mittlerer Hitze erwärmen und die Zwiebel darin glasig dünsten. **Minze** und **Kurkuma** einrühren und mit den **Tomaten** ablöschen. **Salzen** und die Sauce bei schwacher Hitze bis zum Servieren köcheln lassen • Die Kartoffeln abgießen, ausdampfen und etwas abkühlen lassen. Währenddessen **Dinkel**-, **Sojamehl** und **Jodsalz** mischen. Die **Backpflaumen** würfeln, die **Berberitzen** verlesen und waschen, die **Pistazien** bei Bedarf schälen • In einem großen Topf reichlich Wasser aufkochen. Die Kartoffeln pellen und durch die Kartoffelpresse in eine große Schüssel drücken. Die Mehlmischung unterkneten, die Masse in sechs Portionen teilen und zu Kugeln formen. Jede Portion in der Handfläche flach drücken und je 4 Pistazien, 1 TL Berberitzen und einige Pflaumenwürfel darauflegen. Die Kartoffelmasse über der Füllung zusammenklappen und rund rollen. Die Klöße ins kochende Wasser legen, die Hitze reduzieren und die Klöße knapp unter dem Siedepunkt 20–25 Minuten gar ziehen lassen, bis sie an die Oberfläche steigen. (Nicht sprudelnd kochen lassen, sonst zerfallen sie.) • Die Klöße mit einem Schaumlöffel aus dem Wasser heben, abtropfen lassen und portionsweise mit der Sauce anrichten. Mit **Rapsöl** bepinseln und mit **Schnittlauch** bestreut servieren.

(fertig in 35 Minuten)

HERZHAFTE KRAUTSPATZEN

Für 2 kleine und 2 große Esser:

Für die Spätzle:
300 g Dinkelvollkornmehl
250 ml Sojamilch
2 EL Rapsöl
1 TL Kala Namak
1 Msp. Kurkuma

Für das Kraut:
1 große Zwiebel
150 g Räuchertofu
1 rote Paprikaschote
60 g Cashewmus
2 EL Kokosöl
300 g Sauerkraut
1 Apfel
1 TL gemahlener Kümmel oder Kreuzkümmel (Cumin)
Jodsalz und Pfeffer
frisch gehackte Petersilie oder Schnittlauch zum Servieren

Außerdem:
Spätzlepresse

Für die Spätzle **Mehl**, **Sojamilch**, **Rapsöl**, **Kala Namak** und **Kurkuma** in einer Schüssel mit dem Kochlöffel oder in der Küchenmaschine zu einem zähflüssigen Teig verrühren. Den Teig 20 Minuten quellen lassen • Inzwischen für das Kraut die **Zwiebel** schälen und in Streifen schneiden. Den **Räuchertofu** in sehr kleine Würfel schneiden. Die **Paprikaschote** waschen, putzen und klein würfeln. Das **Cashewmus** mit 60 ml Wasser glatt rühren • Das **Kokosöl** in einer Schmorpfanne bei starker Hitze heiß werden lassen. Tofu, Zwiebel und Paprika darin unter gelegentlichem Wenden braten, bis sie bräunen. Das **Sauerkraut** zugeben und einige Minuten mitbraten. Inzwischen den **Apfel** schälen, vierteln und das Kerngehäuse entfernen. Die Viertel in Scheiben schneiden und mit dem Cashewmus unter das Kraut rühren. Das Kraut kräftig mit **Kümmel**, **Jodsalz** und **Pfeffer** würzen und zugedeckt bei schwacher Hitze weiterdünsten • In einem großen Topf Salzwasser aufkochen. Den Spätzleteig portionsweise durch die Spätzlepresse ins Wasser drücken und etwa 1 Minute garen, bis die Spätzle an die Oberfläche steigen. Dann mit einem Schaumlöffel herausheben und unter das Kraut rühren • Die Krautspatzen auf vier Teller anrichten und mit **Petersilie** bestreut servieren.

VARIANTE Diese Vollkornspätzle sind sehr rustikal. Wer lieber traditionelle Spätzle möchte, verwendet statt Vollkornmehl Spätzlemehl oder 270 g Weizenmehl (Type 405) und 30 g Hartweizengrieß. Und da helles Mehl weniger Flüssigkeit zum Quellen braucht, reichen dabei 220 ml Sojamilch.

(fertig in 20 Minuten)

SPAGHETTI CAPRESE MIT NUSS-KÄSE

Für 2 kleine und 2 große Esser:

400 g Spaghetti
Jodsalz
1 Bund Basilikum (25 g)
300 g Kirschtomaten
2 Knoblauchzehen
3 EL Olivenöl
200 g Nuss-Käse (s. S. 55, ohne Kräuter zubereitet)

Die **Spaghetti** nach Packungsangabe in kochendem **Salzwasser** bissfest garen • Inzwischen das **Basilikum** waschen und trocken tupfen, die Blättchen von den Stielen zupfen und grob hacken. Die **Kirschtomaten** waschen und halbieren, den **Knoblauch** schälen und fein hacken • Die Spaghetti in ein Sieb abgießen, kurz abtropfen lassen und wieder in den Topf geben. Basilikum, Tomaten, Knoblauch und **Olivenöl** unterheben. Vom **Nuss-Käse** mit einem Teelöffel kleine Nocken abstechen und ebenfalls zur Pasta geben. Nur kurz unterheben, damit der Käse sich nicht vollständig auflöst. Die Spaghetti auf vier Teller anrichten und sofort servieren.

(fertig in 1 Stunde)

VEGGIE-BOLOGNESE MIT MAKKARONI

Für 2 kleine und 2 große Esser:

Für die Veggie-Bolognese:
200 g Tofu
1 große Zwiebel
2 Knoblauchzehen
1 große Karotte
1 Stange Staudensellerie
(ersatzweise 100 g Knollensellerie)
4 EL Olivenöl
4 EL Tomatenmark
3 EL Balsamico-Essig
500–600 g stückige Tomaten
(Dose oder Tetrapack)
je 1 TL getrockneter Oregano und Thymian
Jodsalz
1 TL Vollrohrzucker
1 EL natürlicher Hefeextrakt (z. B. von Vitam)
300 g Makkaroni oder andere Pasta

Für den Parme-Sesam:
40 g helle Sesamsamen
½ TL Jodsalz
40 g Edelhefeflocken

Für die Veggie-Bolognese den **Tofu** mit den Händen fein zerbröseln. **Zwiebel**, **Knoblauch** und **Karotte** schälen. Den **Staudensellerie** waschen und putzen, dann alles fein würfeln • Das **Olivenöl** in einer breiten Pfanne bei starker Hitze heiß werden lassen und den Tofu darin scharf anbraten. Das gewürfelte Gemüse zugeben und unter Rühren 5 Minuten mitbraten, bis es rundum gebräunt ist. Das **Tomatenmark** einrühren und kurz mitrösten. Dann mit dem **Essig** und den **stückigen Tomaten** ablöschen. Die Sauce mit **Oregano**, **Thymian**, 1 gestrichenem TL **Jodsalz**, **Zucker** und **Hefeextrakt** würzen und bei schwacher Hitze 30–40 Minuten köcheln lassen • Inzwischen für den Parme-Sesam die **Sesamsamen** in einer Pfanne bei schwacher Hitze zartgelb rösten. Danach im Mixer, Mörser oder in der Kaffeemühle grob mahlen und mit **Jodsalz** und **Edelhefeflocken** mischen • Die **Makkaroni** nach Packungsangabe in kochendem Salzwasser bissfest garen. In ein Sieb abgießen, kurz abtropfen lassen und mit der Bolognese in der Pfanne mischen. Die Makkaroni auf vier Teller anrichten und den Parme-Sesam dazu servieren.

VARIANTE Statt mit Tofu schmeckt die Bolognese auch mit 250 g Champignons. Diese putzen, grob hacken, auf einem Tablett ausbreiten und 30–60 Minuten trocknen. So lassen sie sich besser braten und entfalten mehr Aroma.

»Der Parme-Sesam passt zu allen Pastagerichten. Oft verwende ich bereits gerösteten und gemahlenen Sesam – den gibt es als Gomasio im Reformhaus oder Bioladen.«

»Basilikum beeindruckt nicht nur mit seinem unvergleichlichen Aroma, sondern auch mit einer langen Liste an gesundheitsförderlichen Eigenschaften: Es wirkt entzündungshemmend, krampflösend, antibakteriell und wird in der Naturheilkunde gerne als Mittel gegen Erkältungen, Arthritis, Migräne, Schlaflosigkeit und Verdauungsprobleme eingesetzt.«

(fertig in 20 Minuten)

PASTA MIT BROKKOLI UND BASILIKUM-PESTO

Für 2 kleine und 2 große Esser:

300 g Vollkorn-Spaghetti oder Linguine
Jodsalz
120 g Walnusskerne
2 Bund Basilikum (50 g)
2–3 Knoblauchzehen
1 EL Zitronensaft
6 EL aromatisches Olivenöl extra nativ
1 EL Ahornsirup
25 g Edelhefeflocken
2 Kopf Brokkoli (500 g)
Peperoncinoflocken zum Servieren (nach Belieben)

Die **Spaghetti** nach Packungsangabe in kochendem **Salzwasser** bissfest garen • Inzwischen die **Walnusskerne** grob hacken und in einer Pfanne ohne Fett bei schwacher Hitze rösten, bis sie duften. Das **Basilikum** waschen, trocken tupfen und die Blättchen von den Stielen zupfen. Den **Knoblauch** schälen und grob hacken. Drei Viertel der gerösteten Nüsse, Basilikum, Knoblauch, **Zitronensaft**, **Olivenöl**, **Ahornsirup**, **Edelhefeflocken** und 1 gestrichenen TL Jodsalz in einen hohen Rührbecher geben und mit dem Pürierstab cremig mixen • Den **Brokkoli** putzen, waschen und in kleine Röschen teilen. Die Röschen nach Belieben in wenig Wasser bissfest (für kleinere Kinder weich) garen • Eine Tasse vom Pastakochwasser abnehmen und unter das Pesto mixen. Die Spaghetti in ein Sieb abgießen, kurz abtropfen lassen und wieder in den Topf geben. Pesto und Brokkoliröschen unterheben. Die Pasta in vier Schalen anrichten, mit den restlichen Nüssen und nach Belieben mit **Peperoncinoflocken** bestreuen und servieren.

VARIANTE Je nach Saison bringen andere Kräuter im Nu Abwechslung auf den Tisch. Bereiten Sie das Pesto also gerne auch mit frischer Petersilie oder mit Koriandergrün zu.

(fertig in 45 Minuten)

JAPANISCHE YAKI UDON

Für 2 kleine und 2 große Esser:

4 EL Yakitori-Sauce (aus dem Asialaden, ersatzweise Ketjap Manis oder Sojasauce)
300 g Japanische Bratfilets (z. B. von Taifun, ersatzweise Tofu)
1 daumengroßes Stück Ingwer
2 Knoblauchzehen
2 asiatische Chilischoten (nach Belieben)
1 Bund Frühlingszwiebeln
1 Kopf Brokkoli (250 g)
1 rote Paprikaschote
2 große Zwiebeln
3 EL Kokosöl
600 g vorgegarte Udon-Nudeln (aus dem Asialaden)
Sojasauce zum Ablöschen
2 EL geröstetes Sesamöl
2 EL Dinkelmehl (Type 630)
1 TL Vollrohrzucker
je 1 EL helle und dunkle Sesamsamen

Die **Yakitori-Sauce** in eine Schale geben und die **Bratfilets** darin marinieren (Tofu vorher in 5 mm dicke Scheiben schneiden und zwischen Küchenpapier sorgfältig ausdrücken) • **Ingwer** und **Knoblauch** schälen und fein hacken. Nach Belieben die **Chilis** waschen, putzen und sehr fein hacken. Die **Frühlingszwiebeln** putzen, waschen und schräg in 3 cm lange Stücke schneiden. Den **Brokkoli** waschen und in Röschen teilen. Die **Paprikaschote** waschen, vierteln, putzen und in Streifen schneiden. Die **Zwiebeln** schälen, halbieren und in halbe Ringe schneiden • Einen Wok erhitzen und 2 EL **Kokosöl** darin heiß werden lassen. Ingwer, Brokkoli und eventuell Chilis darin unter Rühren 3 Minuten kräftig braten. Frühlingszwiebeln, Paprika und Knoblauch 3 Minuten mitbraten. Die **Udon-Nudeln** zugeben und ebenfalls kurz mitbraten. Mit einigen EL **Sojasauce** ablöschen und die Nudeln mit **Sesamöl** und Sojasauce abschmecken. Zugedeckt bei schwacher Hitze warm halten • Das **Mehl** in einen tiefen Teller streuen. Die Bratfilets abtropfen lassen, jede Scheibe in vier Dreiecke schneiden und diese im Mehl wenden. Die Zwiebeln ebenfalls im Mehl wenden. Das restliche Kokosöl in einer Pfanne erhitzen und beides darin scharf anbraten. Die Marinade und den **Vollrohrzucker** zugeben und karamellisieren lassen • Den **Sesam** in einer kleinen Pfanne leicht rösten. Die Nudeln auf vier Teller anrichten, Bratfilets und Zwiebeln daraufgeben und mit dem gerösteten Sesam bestreut servieren.

»Da kann wirklich nichts schiefgehen! Die Küchlein schmecken geviertelt als Fingerfood zu einem Glas Wein oder Winzersekt, mit einem Salat werden sie zu einem herzhaften Hauptgericht.«

(fertig in 15 Minuten + 15 Minuten Backen)

SCHNELLE ZWIEBELKÜCHLEIN

Für 10 Stück:
500 g tiefgekühlter Vollkornblätterteig
400 g Zwiebeln
300 g Seidentofu
50 g Cashewmus
2 EL Dinkelmehl (Type 630)
1 gestr. TL gemahlener Kümmel
1 Msp. frisch geriebene Muskatnuss
Jodsalz und schwarzer Pfeffer
2 vegane Chorizowürstchen (à 40 g)

Ein Backblech mit Backpapier belegen. Die **Blätterteigplatten** nebeneinander darauflegen und antauen lassen • Die **Zwiebeln** schälen, halbieren und in schmale Spalten schneiden. **Seidentofu**, **Cashewmus**, **Dinkelmehl**, **Kümmel**, **Muskatnuss**, 1 TL **Jodsalz** und **Pfeffer** mit dem Pürierstab cremig mixen. Die Zwiebeln unter die Tofucreme rühren. Die **Chorizowürstchen** längs vierteln und in kleine Würfel schneiden • Den Backofen auf 180 °C (Umluft) vorheizen. Die Tofu-Zwiebel-Creme auf die Teigplatten verteilen und verstreichen, dabei jeweils einen schmalen Rand lassen. Die Chorizowürfel gleichmäßig auf die Creme streuen und die Küchlein im heißen Ofen (Mitte) in 15–20 Minuten appetitlich braun backen. Ofenwarm servieren, dazu passt ein gemischter grüner Salat.

VARIANTE Im Nu verwandeln sich die Zwiebel- in leckere Tomatenküchlein. Dafür Kümmel, Muskatnuss und Zwiebeln weglassen und stattdessen frische oder getrocknete Kräuter in die Tofucreme rühren. Die Küchlein dann mit halbierten Kirschtomaten statt mit Chorizo belegen.

(fertig in 30 Minuten)

KARTOFFEL-LINSEN-PUFFER MIT APFELMUS

Für etwa 12 Puffer:

Für das Apfelmus:
4 Äpfel
2 EL Zitronensaft
2 EL Vollrohrzucker
1 Msp. gemahlener Zimt
1 Msp. gemahlene Vanille

Für die Kartoffel-Linsen-Puffer:
150 g gelbe Linsen
Jodsalz
600 g Kartoffeln
schwarzer Pfeffer
2 Zwiebeln
1–2 geh. EL Dinkelmehl (Type 630)
3 EL Kokosöl

Für das Apfelmus die **Äpfel** schälen, vierteln und das Kerngehäuse entfernen. Die Viertel in Würfel schneiden und mit **Zitronensaft**, **Zucker**, **Zimt**, **Vanille** und 2 EL Wasser in einen kleinen Topf geben. Aufkochen und zugedeckt bei schwacher Hitze etwa 7 Minuten dünsten. Die Äpfel nach Belieben stückig lassen oder pürieren, abkühlen lassen • Für die Puffer die **Linsen** in einem Sieb kalt abspülen und mit 375 ml Wasser und 1 TL **Jodsalz** in einem Topf aufkochen. Bei schwacher Hitze 5–10 Minuten garen, bis sie zerfallen. In ein Sieb abgießen, abtropfen und abkühlen lassen • Die **Kartoffeln** schälen und mit der Küchenreibe oder der Küchenmaschine grob raspeln. Die Raspel mit 1 gestrichenen TL Jodsalz und etwas **Pfeffer** würzen und einige Minuten in einem Sieb ziehen lassen. Die **Zwiebeln** schälen und fein reiben oder hacken. Die Linsen mit einer Gabel zerdrücken, die Kartoffeln im Sieb ausdrücken. Linsen, Kartoffeln, Zwiebeln und **Mehl** verrühren • Den Backofen auf 150 °C (Umluft) vorheizen. In einer Pfanne 1 EL **Kokosöl** bei mittlerer Hitze heiß werden lassen. Pro Puffer etwa 2 EL Kartoffelmasse hineinsetzen, etwas flach drücken und von jeder Seite in 2–3 Minuten knusprig braun braten. Fertige Puffer auf Küchenpapier abtropfen lassen und im Backofen warm halten. So fortfahren, bis der gesamte Teig aufgebraucht ist. Die Puffer mit dem Apfelmus servieren.

»Die Kartoffelpuffer schmecken uns auch pikant kombiniert, zum Beispiel mit gegrillten Pilzen (s. S. 99) und Meerrettichsauce. Dafür verrühre ich je zur Hälfte Mayonnaise (aus dem Glas oder selbst gemacht, s. S. 139) und Sojajoghurt und würze mit frisch geriebenem Meerrettich.«

(fertig in 50 Minuten + 40 Minuten Garen)

GEFÜLLTE PAPRIKASCHOTEN

Für 4 Stück:

Für die Paprikaschoten:
200 g Parboiled Reis
100 g Belugalinsen
je 1 Bund Petersilie und Dill (à 25 g)
2 Bund Schnittlauch (50 g)
1 Bio-Zitrone
1 Zwiebel
3 EL Rapsöl
1 TL Kurkuma
½ TL gemahlener Zimt
60 g Rosinen
Jodsalz und schwarzer Pfeffer
4 gleich große rote oder gelbe Paprikaschoten

Für die Tomatensauce:
1 Zwiebel
2 EL Rapsöl
4 EL Paprikapaste (aus dem Glas, z. B. Ajvar)
700 g passierte Tomaten (Dose oder Tetrapack)
Jodsalz und Cayennepfeffer (nach Belieben)

Für die Paprika **Reis** und **Linsen** waschen und nach Packungsangabe garen • Inzwischen für die Tomatensauce die **Zwiebel** schälen und fein würfeln. Das **Rapsöl** in einem Topf (die Paprikaschoten sollten nebeneinander hineinpassen) erhitzen und die Zwiebel darin glasig dünsten. Die **Paprikapaste** kurz mitbraten, die **passierten Tomaten** dazugießen und die Sauce sanft köcheln lassen • Für die Paprika **Petersilie**, **Dill** und **Schnittlauch** waschen, trocken tupfen und Blättchen, Spitzen und Halme fein schneiden. Die **Zitrone** heiß abwaschen und abtrocknen. Etwas Schale abreiben und die Frucht auspressen. Die **Zwiebel** schälen und fein würfeln. Das **Rapsöl** erhitzen und die Zwiebel darin glasig dünsten, **Kurkuma** und **Zimt** unterrühren. Reis, Linsen, Kräuter, Zitronenschale und **Rosinen** untermischen. Die Reismasse mit **Jodsalz** und **Pfeffer** abschmecken • Die **Paprikaschoten** waschen und mit einem kleinen Messer rund um den Stielansatz einen Deckel ausschneiden. Die Samen und Trennwände entfernen und die Schoten innen leicht salzen. Die Reismasse einfüllen, die Deckel auflegen und die Schoten in die Tomatensauce setzen. Bei Bedarf noch Wasser zugießen, sodass die Schoten bis knapp unter die Deckel mit Flüssigkeit bedeckt sind. Die Paprika dann bei schwacher Hitze etwa 40 Minuten köcheln lassen, bis sie sich weich anfühlen • Auf jedem Teller 1 ganze oder 1 halbierte Schote anrichten. Die Tomatensauce mit dem Zitronensaft und nach Belieben mit **Jodsalz** und **Cayennepfeffer** abschmecken und um die Schoten herumgießen.

(fertig in 45 Minuten)

PILZE MIT MARONEN AUF KARTOFFEL-SELLERIE-STAMPF

Für 2 kleine und 2 große Esser:

Für Pilze und Maronen:
600 g Pilze (je 200 g Champignons, Kräuterseitlinge und Austernpilze)
4 EL Olivenöl
Jodsalz
2 Zwiebeln
200 g gegarte Maronen (vakuumverpackt)
2 EL Haselnussmus
frisch gehackte Petersilie zum Servieren
Preiselbeeren zum Servieren (aus dem Glas)
Zitronenspalten zum Servieren

Für den Kartoffel-Sellerie-Stampf:
400 g Kartoffeln
150 g Knollensellerie
Jodsalz
50 ml Sojamilch oder andere Pflanzenmilch
Pfeffer

Außerdem:
Kartoffelstampfer oder Kartoffelpresse

Den Backofen auf 220 °C (Ober-/Unterhitze) vorheizen. Die **Pilze** putzen. Große Champignons halbieren, Kräuterseitlinge längs halbieren oder dritteln, Austernpilze in mundgerechte Streifen schneiden. In einer Schüssel 2 EL **Olivenöl** und 1 gestrichenen TL **Jodsalz** verrühren. Die Pilze unterheben, bis sie rundum mit Öl überzogen sind. In einer Auflaufform oder auf einem Backblech verteilen und im Ofen (Mitte) etwa 20 Minuten goldbraun rösten • Inzwischen für den Stampf **Kartoffeln** und **Sellerie** schälen und klein würfeln. Die Würfel in **Salzwasser** in 15–20 Minuten weich garen • Für die Maronen die **Zwiebeln** schälen und in feine Streifen schneiden. Das restliche Öl in einer Pfanne bei mittlerer Hitze heiß werden lassen und die Zwiebeln darin 10 Minuten unter Rühren leicht bräunen. Die **Maronen** grob hacken und dazugeben. Das **Haselnussmus** mit 100 ml Wasser und ½ TL Jodsalz glatt rühren und dazugießen. Die Maronen bei schwacher Hitze warm halten • Kartoffel- und Selleriewürfel abgießen und kurz ausdampfen lassen. Dann mit dem Kartoffelstampfer zerdrücken oder durch die Kartoffelpresse drücken. Die **Sojamilch** unterrühren und den Stampf mit Jodsalz und **Pfeffer** abschmecken • Den Stampf auf vier Teller verteilen und je eine Portion Maronen und Pilze darauf anrichten. Mit **Petersilie** bestreuen und mit einem Klecks **Preiselbeeren** und **Zitronenspalten** servieren.

(fertig in 1 Stunde)

THAI-CURRY MIT GEMÜSE

Für 2 kleine und 2 große Esser:

Für die Currypaste:
2 Stängel Zitronengras
1 daumengroßes Stück Galgant oder Ingwer
2 Knoblauchzehen
2 Frühlingszwiebeln (25 g)
2 Kaffirlimettenblätter (aus dem Asialaden)
1 ½ Bund thail. Koriandergrün mit Wurzeln (30–40 g, ersatzweise Korianderpaste aus dem Glas)
2 Chilischoten (nach Belieben)
1 Noriblatt (nach Belieben)
1 EL Vollrohrzucker
1 EL geröstetes Sesamöl

Für das Gemüse:
1 kleine Karotte
3 asiatische Mini-Auberginen oder
1 kleine Aubergine
1 kleine rote Paprikaschote
1 EL Kokosöl
400 ml Kokosmilch
Jodsalz
100 g Wasserkastanien (aus der Dose)
100 g Ananasfruchtfleisch (ersatzweise ungezuckerte Ananas aus dem Glas)
1 Bund Thai-Basilikum (25 g)
2–3 EL Limettensaft

Für die Currypaste das **Zitronengras** putzen und in feine Scheiben schneiden. **Galgant** und **Knoblauch** schälen, die **Frühlingszwiebeln** putzen und waschen, dann alles grob zerkleinern. Die Rippen der **Limettenblätter** entfernen und die Blätter fein hacken. Das **Koriandergrün** sorgfältig waschen und mit Stielen und Wurzeln grob hacken. Nach Belieben die **Chilischoten** waschen und putzen, das **Noriblatt** in kleine Stücke reißen. Alle vorbereiteten Zutaten mit **Zucker** und **Sesamöl** fein pürieren • Für das Gemüse die **Karotte** schälen und in Stifte schneiden. Die **Auberginen** waschen und klein würfeln. Die **Paprikaschote** waschen, putzen und in Streifen schneiden. Das **Kokosöl** in einem Topf bei mittlerer Hitze erwärmen und die Currypaste darin etwa 1 Minute unter Rühren anbraten. Mit der **Kokosmilch** ablöschen. Das Gemüse und 1 TL **Jodsalz** zugeben und alles 5–8 Minuten köcheln lassen • Die **Wasserkastanien** halbieren und 3 Minuten mitköcheln lassen. Die **Ananas** würfeln und im Curry kurz erwärmen. Das **Basilikum** waschen, trocken tupfen und die Blättchen grob hacken. Das Curry mit **Limettensaft** und Jodsalz abschmecken und das Basilikum unterheben.

VARIANTE Klassisch wird Thai-Curry mit Reis gegessen – aber es schmeckt auch mit anderen Beilagen, zum Beispiel mit japanischen Sobanudeln aus Buchweizenmehl. Wer mag, brät mit der Currypaste noch Tofuwürfel an. Auch beim Gemüse ist variieren erlaubt. Eilige verwenden statt der selbst gemachten Paste 2–3 TL grüne oder rote Thai-Currypaste aus dem Glas ... Aber Achtung: Die ist höllisch scharf!

»Selbst gemachte Currypaste ist die Rettung für alle, die aromatische Thai-Currys lieben, aber wegen empfindlicher Kindergaumen keine fertigen Mischungen verwenden können. Am besten gleich eine größere Portion zubereiten und Reste in einem Schraubglas im Kühlschrank aufbewahren. So hält sich die Paste mindestens zwei Wochen und verfeinert im Nu Dressings, Suppen oder Pasta.«

»So cremig püriert und fein gewürzt kommen die Linsen selbst bei kritischen Essern gut an. Als Gemüseeinlage schmecken auch Kartoffeln, Kürbis oder Auberginen. Erlaubt ist, was gefällt – und was die Saison gerade an frischem Gemüse zu bieten hat.«

(fertig in 45 Minuten)

CREMIGES CURRY MIT FRÜCHTEN

Für 2 kleine und 2 große Esser:

120 g gelbe Linsen
2 Zwiebeln
2 Knoblauchzehen
1 daumengroßes Stück Ingwer
3 EL Rapsöl
2 EL mildes Currypulver
1 gestr. TL gemahlener Zimt
1 gestr. TL gemahlener Kreuzkümmel (Cumin)
250 g Blumenkohl
250 g Süßkartoffeln
2 gestr. TL Jodsalz
100 g Creamed Coconut (ersatzweise 200 ml Kokosmilch)
50 g getrocknete Kirschen, Aprikosen oder Rosinen
1 säuerlicher Apfel
frisch gehackte Petersilie oder Koriandergrün (nach Belieben)
Cayennepfeffer (nach Belieben)

Die **Linsen** in einem Sieb kalt abspülen. Die **Zwiebeln** schälen und in Ringe schneiden, **Knoblauch** und **Ingwer** schälen und grob hacken • Das **Rapsöl** in einem großen Topf bei mittlerer Hitze erwärmen und die Zwiebeln darin glasig dünsten. Ingwer und Knoblauch zufügen und 1 Minute mitbraten. **Currypulver**, **Zimt** und **Kreuzkümmel** einrühren und 700 ml Wasser dazugießen. Die Linsen zugeben, aufkochen lassen und bei schwacher Hitze in 5–10 Minuten weich garen • Inzwischen den **Blumenkohl** waschen und in kleine Röschen teilen. Die **Süßkartoffeln** schälen und in 1 ½ cm große Würfel schneiden • **Jodsalz** und **Kokoscreme** unter die Linsen rühren und mit dem Pürierstab im Topf cremig pürieren • Den Blumenkohl in die Linsencreme geben, erneut aufkochen, dann bei schwacher Hitze 5 Minuten köcheln lassen. Die **Trockenfrüchte** eventuell klein schneiden. Mit den Süßkartoffeln unter die Linsencreme heben und alles etwa 10 Minuten weiterköcheln lassen, bis das Gemüse gar ist • Den **Apfel** schälen, vierteln und das Kerngehäuse entfernen. Die Viertel würfeln und kurz im Curry erhitzen, sodass sie bissfest bleiben • Das Curry in vier Schalen anrichten und nach Belieben mit **Petersilie** garnieren. Wer mag, würzt bei Tisch noch mit **Cayennepfeffer** nach. Dazu schmecken Reis oder Chapati-Brot (s. S. 143).

(fertig in 30 Minuten)

QUINOA GORENG

Für 2 kleine und 2 große Esser:
3 Schalotten oder kleine Zwiebeln
3 Knoblauchzehen
je 200 g Champignons und Austernpilze
2 EL Rapsöl
Jodsalz
2 Karotten
5–6 Frühlingszwiebeln (100 g)
1 daumengroßes Stück Ingwer
200 g Quinoa (am Vorabend eingeweicht, s. S. 144)
200 g Mungbohnensprossen
2 EL Kokosöl
3 Limetten
2–3 EL Ketjap Manis (aus dem Asialaden, ersatzweise 2 EL Sojasauce und 1 EL Vollrohrzucker)
frisch gehacktes Koriandergrün zum Servieren
Sambal Oelek und Limettenspalten zum Servieren

Den Backofen auf 220 °C (Ober-/Unterhitze) vorheizen. Die **Schalotten** schälen und in Ringe schneiden, den **Knoblauch** schälen und fein würfeln. Die **Pilze** putzen. Die Champignons halbieren, die Austernpilze in mundgerechte Streifen schneiden. Pilze, Schalotten, Knoblauch, **Rapsöl** und etwas **Jodsalz** in einer Auflaufform mit den Händen mischen und im Ofen (Mitte) etwa 20 Minuten rösten • Die **Karotten** schälen und in dünne Stifte raspeln. Die **Frühlingszwiebeln** putzen, waschen und schräg in 3 cm lange Stücke schneiden. Den **Ingwer** schälen und fein hacken • Die **Quinoa** in einem Sieb heiß abspülen und abtropfen lassen. Die **Mungbohnensprossen** kalt abspülen und abtropfen lassen • Das **Kokosöl** in einem Wok oder in einer breiten Pfanne erhitzen und Karotten, Frühlingszwiebeln und Ingwer darin unter Rühren kräftig anbraten. Sobald das Gemüse bräunt, die Quinoa zugeben und einige Minuten mitdünsten. Die Sprossen einstreuen und unter gelegentlichem Rühren bissfest garen • Die **Limetten** auspressen. Das Quinoa Goreng mit Limettensaft und **Ketjap Manis** abschmecken. Auf vier Teller verteilen, die Pilze darauf anrichten und mit **Koriandergrün** bestreuen. Mit **Sambal Oelek** und **Limettenspalten** servieren.

VARIANTE Das Original Nasi Goreng, also »gebratener Reis« ist das Nationalgericht Indonesiens und auch bei uns ein beliebter Asiaklassiker. Mit Quinoa zubereitet, ist es vollwertiger und proteinreicher als sein Vorbild. Wer mag, kann natürlich trotzdem Reis mitbraten.

»Dieses Gericht ist extrem wandlungsfähig und immer lecker. Meine Kinder lieben es auch mit asiatischen Nudeln, z. B. mit Mie als Bami Goreng.«

»Je länger das Gulasch köcheln und durchziehen kann, desto sämiger wird es und desto besser verbinden sich die einzelnen Aromen. Am nächsten Tag aufgewärmt schmeckt es am besten. Daher eignet sich das Gulasch auch perfekt für die stressfreie Bewirtung vieler hungriger Gäste. Wer größere Portionen zubereiten möchte, aber keinen großen Bräter hat, brät Zwiebeln, Gemüse und Sojagulasch nacheinander an.«

(fertig in 45 Minuten + 45 Minuten Garen)

GULASCH NACH UNGARISCHER ART

Für 2 kleine und 2 große Esser:
200 ml Gemüsebrühe
30 g natürlicher Hefeextrakt (z. B. von Vitam)
3 EL edelsüßes Paprikapulver
70 g Sojagulasch
300 g Zwiebeln
2 rote Paprikaschoten
3 EL Kokosöl
3 Knoblauchzehen
500 g stückige Tomaten (Dose oder Tetrapack)
3 EL getrockneter Majoran
1 TL Vollrohrzucker
Jodsalz
rosenscharfes Paprikapulver und schwarzer Pfeffer (nach Belieben)

Die **Gemüsebrühe** mit dem **Hefeextrakt** und 1 EL **edelsüßem Paprikapulver** verrühren. Das **Sojagulasch** in die Brühe rühren und mindestens 20 Minuten quellen lassen • Inzwischen die **Zwiebeln** schälen, halbieren und in Streifen schneiden. Die **Paprikaschoten** waschen, vierteln, putzen und ebenfalls in Streifen schneiden • Das **Kokosöl** in einem Bräter bei starker Hitze heiß werden lassen. Das Gulasch gut ausdrücken und mit Zwiebeln und Paprikastreifen im heißen Öl etwa 15 Minuten rösten, bis alles schön gebräunt ist. Dabei gelegentlich wenden. Den **Knoblauch** schälen und dazupressen. **Tomaten**, restliches edelsüßes Paprikapulver, **Majoran**, **Vollrohrzucker** und 1 TL **Jodsalz** einrühren. Das Gulasch aufkochen, dann zugedeckt bei schwacher Hitze mindestens 45 Minuten köcheln lassen. Bei Bedarf noch etwas Gemüsebrühe oder Wasser nachgießen • Das Gulasch zuletzt nach Belieben mit Jodsalz, **rosenscharfem Paprikapulver** und **Pfeffer** abschmecken und mit Salzkartoffeln oder selbst gemachten Spätzle (s. S. 82) servieren.

(fertig in 50 Minuten + 40 Minuten Backen)

MOUSSAKASAGNE

Für 6–8 Stücke:
400 g Kartoffeln
3 EL Olivenöl
Jodsalz
1 Msp. gemahlener Kreuzkümmel (Cumin)
1 große Aubergine (400 g)
1 Rezept Veggie-Bolognese (s. S. 86)
½ TL gemahlener Zimt
2 Tomaten
200 g passierte Tomaten (Dose oder Tetrapack)
9 Lasagneblätter

Für die Creme:
300 g Seidentofu
40 g natürlicher Hefeextrakt (z. B. von Vitam)
40 g Tapiokastärke
4 EL Olivenöl
Jodsalz und schwarzer Pfeffer

Außerdem:
Auflaufform (etwa 20 x 30 cm)

Den Backofen auf 220 °C (Ober-/Unterhitze) vorheizen, ein Backblech mit Backpapier belegen. Die **Kartoffeln** schälen und in 1 cm dicke Scheiben schneiden. 1 EL **Olivenöl**, ½ TL **Jodsalz** und **Kreuzkümmel** in einer Schüssel verrühren. Die Kartoffelscheiben darin wenden, auf dem Blech verteilen und im Ofen (Mitte) in etwa 15 Minuten goldgelb backen • Inzwischen die **Aubergine** waschen, putzen und in vier Scheiben schneiden. Eine Pfanne bei mittlerer Hitze erwärmen. Nacheinander 2 EL Öl hineingeben und die Scheiben darin portionsweise von beiden Seiten goldbraun braten. Auf Küchenpapier abtropfen lassen und salzen • Für die Creme **Seidentofu**, **Hefeextrakt**, **Tapiokastärke**, **Öl**, **Jodsalz** und **Pfeffer** mit dem Pürierstab cremig mixen • Die **Veggie-Bolognese** mit dem **Zimt** würzen. Die **Tomaten** waschen und in Scheiben schneiden, dabei die Stielansätze entfernen • Den Boden der Form mit den **passierten Tomaten** bestreichen und mit 3 **Lasagneblättern** auslegen. Die Kartoffelscheiben darauf verteilen und mit der Hälfte der Bolognese bestreichen. Wieder 3 Lasagneblätter einschichten und mit den Auberginenscheiben belegen. Die restliche Bolognese daraufgeben und mit 3 Lasagneblättern abdecken. Die Tofucreme daraufstreichen und den Auflauf mit den Tomatenscheiben belegen • Den Backofen auf 180 °C (Umluft) schalten und die Moussakasagne darin (Mitte) in etwa 40 Minuten goldbraun backen. Herausnehmen und vor dem Anschneiden 10 Minuten ruhen lassen.

»Mmh! – Schmeckt so lecker wie Urlaub in Griechenland und Italien auf einmal …«

EXTRAKNUSPRIGES PIZZA-DUETT

»Ran ans Backblech! Kinder finden Pizza toll: Nicht nur, weil sie so lecker schmeckt, sondern weil sogar die Kleinsten mitmachen können … und was könnte besser munden als selbst belegte Knusperfladen?«

STRUDEL-BONBO(H)N MIT ZWIEBEL-JOHANNISBEER-SAUCE

(fertig in 1 Stunde)

STRUDEL-BONBO(H)N MIT ZWIEBEL-JOHANNISBEER-SAUCE

Für 6 Stücke:

Für den Strudel:
220 g gegarte weiße Bohnen (aus der Dose oder selbst gekocht, s. S. 144)
2 TL getrockneter Majoran
1 gestr. TL gemahlener Kümmel
Jodsalz
je 100 g kleine Champignons und Shiitakepilze
1 Zwiebel
80 g Räuchertofu
2 EL Kokosöl
1 Rolle frischer Blätterteig (etwa 320 g, aus dem Kühlregal)
Sojamilch zum Bestreichen

Für den Strudel die **Bohnen** in einem Sieb kalt abspülen und abtropfen lassen. Dann mit **Majoran**, **Kümmel** und ½ TL **Jodsalz** in einem Rührbecher mit dem Pürierstab cremig mixen. Die **Pilze** putzen, größere Exemplare halbieren. Die **Zwiebel** schälen und fein hacken, den **Räuchertofu** klein würfeln • Das **Kokosöl** in einer breiten Pfanne bei starker Hitze heiß werden lassen. Pilze, Zwiebel und Räuchertofu darin scharf anbraten, dann bei mittlerer Hitze unter gelegentlichem Rühren in etwa 10 Minuten bräunen • Für die Knusperstreifen alle Zutaten mit 3 EL Wasser verrühren. Ist die Mischung zu trocken, esslöffelweise noch Wasser zufügen, bis die Masse fließfähig, jedoch nicht flüssig ist • Den Backofen auf 200 °C (Ober-/Unterhitze) vorheizen, ein Backblech mit Backpapier belegen. Den **Blätterteig** entrollen. Die untere Hälfte der Teigplatte (Längsseite) mit der Bohnencreme bestreichen, dabei links und rechts einen 5 cm breiten und unten einen 2 cm breiten Rand frei lassen. Die Pilzmischung auf der Bohnencreme verteilen. Die Ränder mit etwas **Sojamilch** anfeuchten und die

Für die Knusperstreifen:
30 g Tapiokastärke
15 g natürlicher Hefeextrakt (z. B. von Vitam)
2 EL Rapsöl
½ TL Jodsalz

Für die Sauce:
2 große Zwiebeln
2 EL Rapsöl
2 EL Balsamico-Essig
250 ml kräftige Gemüsebrühe
2 EL Schwarze Johannisbeerkonfitüre

seitlichen Teigränder über die Füllung klappen. Den unteren Rand einschlagen, die obere Teighälfte über die Füllung klappen und so ein Päckchen formen • Den Strudel mit der Nahtstelle nach unten auf das Backblech legen und mit etwas Sojamilch bestreichen. Die Tapiokamischung mit einem Teelöffel in Streifen auf den Strudel träufeln und leicht verlaufen lassen. Den Strudel im heißen Ofen etwa 25 Minuten backen • Inzwischen für die Sauce die **Zwiebeln** schälen und klein würfeln. Das **Rapsöl** in einem Topf bei mittlerer Hitze erwärmen und die Zwiebeln darin 5–10 Minuten unter gelegentlichem Rühren bräunen. Mit **Essig** und **Gemüsebrühe** ablöschen und zugedeckt 10 Minuten köcheln lassen. Die Zwiebelmischung mit der **Johannisbeerkonfitüre** cremig pürieren • Den Strudel aus dem Backofen nehmen und 5 Minuten ruhen lassen. Danach mit einem dünnen, scharfen Messer in Stücke schneiden und portionsweise mit der Sauce servieren.

FÜR SÜSSE ZUCKERSCHNUTEN

DESSERTS UND GEBÄCK

»Häschens Lieblingskuchen wird auch von kleinen Mäusen, Tigern und Bären sehr geschätzt ...«

(fertig in 25 Minuten + 20 Minuten Backen)

SAFTIGE RÜBLI-MUFFINS

Für 12 Muffins:

Für den Teig:
150 g Walnusskerne
300 g Karotten
300 g Dinkelvollkornmehl
170 g Vollrohrzucker
1 gestr. TL Jodsalz
1 geh. TL gemahlener Zimt
1 geh. TL gemahlene Vanille
2 TL Backpulver
2 TL Natron
350 g ungesüßtes Apfelmus (aus dem Glas)
200 ml Rapsöl

Für die Deko:
100 g Vollrohrpuderzucker
2 EL Zitronensaft
25 g gehackte Pistazien

Außerdem:
Muffinblech mit 12 Mulden
12 Papierförmchen

Den Backofen auf 170 °C (Umluft) vorheizen. Die Papierförmchen in die Mulden des Muffinblechs setzen • Die **Walnusskerne** mit dem Messereinsatz der Küchenmaschine oder einem schweren Messer grob hacken. Die **Karotten** schälen und fein raspeln • Die gehackten Nüsse mit **Mehl**, **Zucker**, **Salz**, **Zimt**, **Vanille**, **Backpulver** und **Natron** in einer Rührschüssel sorgfältig mischen. **Apfelmus** und **Rapsöl** zugeben und alles mit der Küchenmaschine oder dem Handrührgerät zu einem glatten Teig verrühren • Die Karotten unterrühren und den Teig gleichmäßig in die Mulden der Form füllen. Die Muffins im heißen Ofen (Mitte) etwa 20 Minuten backen. Währenddessen die Backofentür nicht öffnen, da sie sonst zusammenfallen. Danach die Muffins bei geöffneter Ofentür etwas abkühlen lassen • Für die Deko **Puderzucker** und **Zitronensaft** zu einem glatten Guss verrühren • Die Muffins aus dem Blech lösen und auf ein Kuchengitter setzen. Jedes Küchlein mit einem Klecks Zuckerguss und einem Löffelchen **Pistazien** verzieren.

(fertig in 10 Minuten+ 1 Stunde Kühlen)

SCHOKOMOUSSE MIT FRISCHEN FRÜCHTEN

Für 2 kleine und 2 große Esser:

30 g Kakaopulver
80 g Vollrohrpuderzucker
1 gestr. TL gemahlene Vanille
1 Msp. Jodsalz
2 TL Johannisbrotkernmehl (10 g)
250 ml Sojamilch
60 ml Rapsöl
20 g geraspelte Zartbitterschokolade
frische Früchte zum Servieren

Kakaopulver, **Vollrohrpuderzucker**, **Vanille**, **Jodsalz** und das exakt (!) abgewogene **Johannisbrotkernmehl** in einen Rührbecher geben. Die **Sojamilch** dazugießen und alles mit dem Pürierstab 1–2 Minuten schaumig aufschlagen. Dann weitermixen und dabei das **Rapsöl** in einem feinen Strahl dazugießen • Die Schokomousse in vier Dessertschalen verteilen, mit der **geraspelten Schokolade** bestreuen und mindestens 1 Stunde im Kühlschrank ruhen lassen • Die Mousse mit den frischen **Früchten** garnieren und servieren.

»Bei diesem Rezept ist exaktes Abwiegen wichtig! Sonst wird die Schokomousse zu dünn oder – noch schlimmer – zu dick, und ihr zarter Schmelz ist dahin … Im Zweifel daher lieber etwas weniger Johannisbrotkernmehl verwenden und etwas mehr Öl untermixen.«

(fertig in 30 Minuten + 8 Stunden Kühlen)

KINDER-TIRAMISU MIT ERDBEEREN

Für 12 Stücke:
½ Bio-Zitrone
150 ml Agavendicksaft
500 g Sojajoghurt
1 TL gemahlene Vanille
2 geh. TL Johannisbrotkernmehl (16 g)
400 g sahnige Vanillecreme (s. S. 139)
750 g Erdbeeren (frisch oder tiefgekühlt)
12 Scheiben Vollkornzwieback (etwa 150 g)
1 TL Vollrohrpuderzucker zum Bestäuben
1 TL Kakaopulver zum Bestäuben

Außerdem:
Auflaufform (etwa 20 x 30 cm)

Die **Zitrone** heiß abwaschen und abtrocknen. Die Schale dünn abreiben und die Frucht auspressen. Zitronenschale und -saft, 90 ml **Agavendicksaft**, **Sojajoghurt**, **Vanille** und **Johannisbrotkernmehl** mit dem Pürierstab verrühren, dann unter die **Vanillecreme** mixen. Die Creme bis zur Verwendung kühl stellen • Die **Erdbeeren** waschen und entkelchen. Tiefgekühlte Früchte nach Packungsangabe auftauen lassen. Die Hälfte der Erdbeeren mit dem restlichen Agavendicksaft und 100 ml Wasser pürieren. Die zweite Hälfte in kleine Würfel schneiden • In die Form nebeneinander 6 **Zwiebäcke** legen. Die Hälfte des Erdbeerpürees darauf verteilen, mit der Hälfte der Erdbeerwürfel bestreuen und mit der Hälfte der Joghurtcreme bestreichen. Diesen Vorgang mit den restlichen Zwiebäcken und der zweiten Hälfte von Erdbeerpüree, Erdbeeren und Creme wiederholen. Das Tiramisu mindestens 8 Stunden im Kühlschrank durchziehen lassen • **Vollrohrpuderzucker** und **Kakaopulver** mischen und das Tiramisu vor dem Servieren damit bestäuben.

VARIANTE Das Tiramisu schmeckt auch mit 750 g Himbeeren fein. Dafür die Hälfte der Himbeeren mit 110 ml Agavendicksaft statt mit 90 ml pürieren, da sie säuerlicher sind. Dann wie beschrieben fortfahren. In der kleinen Runde mundet das Tiramisu im Glas. Für 4 Personen ein Drittel Joghurtcreme, Erdbeerpüree und Erdbeerwürfel zubereiten. In vier Gläser je ½ Zwieback krümeln und die Hälfte von Erdbeerpüree, Erdbeerwürfeln und Joghurtcreme daraufschichten. Nochmals wiederholen und das Tiramisu mindestens 2 Stunden kühlen. Mit Puderzucker und Kakaopulver bestäubt servieren.

(fertig in 35 Minuten + 25 Minuten Backen)

WARME MANDELKÜCHLEIN AUF ORANGENCREME

Für 6 Stück:

Für die Orangencreme:
1 Bio-Orange
60 g Vollrohrpuderzucker
2 TL Johannisbrotkernmehl (10 g)
80 ml Sojamilch
40 ml Rapsöl
200 g Sojajoghurt

Für die Küchlein:
90 g Weizenmehl (Type 405)
50 g gemahlene Mandeln
1 geh. TL Backpulver
1 Msp. Jodsalz
50 g weiche Margarine ohne gehärtete Fette
50 g Zucker
120 ml Sojamilch
80 ml Mineralwasser mit Kohlensäure
1 EL Orangenmarmelade
gehackte Mandeln zum Servieren

Außerdem:
6 Soufflé- oder Portionsförmchen (à etwa 100 ml Inhalt)
Margarine für die Förmchen

Für die Creme die **Orange** heiß abwaschen und abtrocknen. Die Schale abreiben, die Frucht halbieren und eine Hälfte auspressen. Die zweite Orangenhälfte beiseitelegen. Orangenschale und -saft, **Zucker**, **Johannisbrotkernmehl** und **Sojamilch** in einen Rührbecher geben und mit dem Pürierstab sorgfältig verquirlen. Dann weitermixen und dabei das **Rapsöl** in einem feinen Strahl dazugießen, bis die Creme Stand hat. Den **Sojajoghurt** kurz untermixen und die Creme bis zum Servieren kühl stellen • Für die Küchlein den Backofen auf 170 °C (Umluft) vorheizen, die Förmchen fetten. **Mehl**, **Mandeln**, **Backpulver** und **Jodsalz** mischen. **Margarine**, **Zucker**, **Sojamilch** und **Mineralwasser** mit dem Pürierstab schaumig schlagen. Die Mehlmischung unterrühren. Den Teig mit einem Löffel in die Förmchen füllen und im heißen Ofen (Mitte) 25 Minuten backen • Die **Orangenmarmelade** mit 1 EL Wasser glatt rühren und auf die heißen Küchlein streichen. Die Mandelküchlein dann bei leicht geöffneter Backofentür 20 Minuten abkühlen lassen • Zum Servieren die restliche Orangenhälfte schälen, in sechs Scheiben schneiden und auf sechs Dessertteller legen. Die Orangencreme rundum verteilen. Die noch warmen Mandelküchlein mit einem Messer aus den Förmchen lösen und auf die Orangen setzen. Mit den **gehackten Mandeln** bestreut servieren.

»Die Orangencreme mögen wir auch solo als schnelles Dessert sehr gerne. Dafür 1–2 Orangen schälen, würfeln und in sechs Gläser legen. Die gekühlte Orangencreme darauf verteilen und mit zerkrümelten Keksen und gehackten Pistazien bestreuen.«

(fertig in 20 Minuten + 40 Minuten Backen)

KNUSPRIGER KIRSCHENMICHEL MIT MANDELN

Für 6–8 Stücke:
1 Glas Schattenmorellen (350 g Abtropfgewicht)
400 g Seidentofu
200 ml Sojamilch
80 g Mandelmus
100 g Vollrohrzucker
1 gestr. TL gemahlene Vanille
1 gestr. TL gemahlener Zimt
30 g Dinkelvollkornmehl
20 g Tapiokastärke
2 TL Backpulver
200 g Vollkorntoast oder altbackene Weizenvollkornbrötchen
40 g Semmelbrösel
100 g Mandelstifte
50 g Margarine ohne gehärtete Fette

Außerdem:
Auflaufform (etwa 20 x 30 cm)

Den Backofen auf 170 °C (Umluft) vorheizen. Die **Kirschen** in ein Sieb abgießen und abtropfen lassen • **Seidentofu**, **Sojamilch**, **Mandelmus**, 70 g **Vollrohrzucker**, **Vanille**, **Zimt**, **Dinkelmehl**, **Tapiokastärke** und **Backpulver** in eine Rührschüssel geben. Mit dem Pürierstab glatt und schaumig rühren • Das **Brot** in kleine Würfel schneiden und in die Tofumasse rühren (Toastbrot kann sofort verwendet werden, altbackene Brötchen mindestens 10 Minuten quellen lassen). Die Kirschen unterheben, die Masse in die Form füllen und glatt streichen • **Semmelbrösel**, **Mandelstifte** und den restlichen Vollrohrzucker gleichmäßig über den Auflauf streuen. Die **Margarine** in Flöckchen darauf verteilen. Den Auflauf im heißen Ofen (Mitte) etwa 40 Minuten backen, bis sich eine knusprig goldbraune Schicht Mandelkrokant gebildet hat • Den Kirschenmichel aus dem Ofen nehmen, kurz abkühlen lassen und warm servieren. Wer mag, serviert dazu noch Vanillesauce oder sahnige Vanillecreme (s. S. 139).

(fertig in 1 Stunde 20 Minuten + 1 Stunde 10 Minuten Backen)

VANILLE-GRIESSKUCHEN MIT HIMBEEREN

Für 12 Stücke:

Für den Boden:
1 Bio-Zitrone
200 g kalte Margarine ohne gehärtete Fette
150 g Vollrohrzucker
300 g Dinkelmehl (Type 1050)
30 g Sojamehl
je ½ TL gemahlene Vanille und Jodsalz

Für die Füllung:
400 g tiefgekühlte Himbeeren
800 g Sojajoghurt
200 g Tofu (ersatzweise Seidentofu)
200 g Margarine ohne gehärtete Fette
220 g Zucker
100 g Weizengrieß
2 Pck. Vanillepuddingpulver zum Kochen
1 geh. TL gemahlene Vanille
100 g frische Himbeeren zum Servieren
Puderzucker zum Bestäuben

Außerdem:
Springform (26 cm Ø)

Für den Boden die **Zitrone** heiß abwaschen, abtrocknen und die Schale abreiben. **Margarine**, **Vollrohrzucker**, **Dinkel**- und **Sojamehl**, **Vanille**, **Jodsalz**, die Hälfte der Zitronenschale und 40 ml Wasser mit den Händen oder in der Küchenmaschine zügig zu einem glatten Teig verkneten. Den Teig in die Form drücken und einen Rand hochziehen. Den Boden danach mindestens 1 Stunde kühlen • Inzwischen für die Füllung die **tiefgekühlten Himbeeren** antauen lassen. **Joghurt**, **Tofu** und **Margarine** Zimmertemperatur annehmen lassen (so verbinden sie sich besser) • Den Backofen auf 170 °C (Umluft) vorheizen. Die Zitrone auspressen. In einer großen Rührschüssel Joghurt, Tofu, Margarine, **Zucker**, **Grieß**, **Puddingpulver**, **Vanille**, 2 EL Zitronensaft und die restliche Zitronenschale mit dem Pürierstab cremig verquirlen. Die Himbeeren mit einem Löffel unterheben • Die Himbeermasse auf den Boden gießen und den Kuchen im heißen Ofen (Mitte) 1 Stunde 10 Minuten backen. Den Kuchen danach bei geöffneter Backofentür abkühlen lassen • Zum Servieren mit den **frischen Himbeeren** belegen und mit **Puderzucker** bestäuben.

VARIANTE Der Boden gelingt auch ohne Sojamehl und Wasser, der Teig ist dann nur etwas krümeliger. Und wer es eilig hat, kann den Kuchen auch ganz ohne Boden backen. Dafür die Grießmenge auf 130 g erhöhen.

»Das Rezept verwandelt sich im Nu in ein leckeres Dessert. Dafür einfach ein Viertel der Füllung zubereiten, in vier Mini-Auflaufförmchen füllen und 25 Minuten in den heißen Backofen schieben. Noch warm aus den Förmchen löffeln. HMMMbeerig!«

(fertig in 20 Minuten + 15 Minuten Backen)

SCHNELLE SCHNECKCHEN MIT NÜSSEN UND ZIMT

Für 36 Mini-Schnecken:
300 g tiefgekühlter Vollkornblätterteig
100 g gemahlene Haselnüsse
80 g Vollrohrzucker
60 ml Rapsöl
1 gestr. TL gemahlene Vanille
1 gestr. TL gemahlener Zimt
Vollrohrpuderzucker zum Bestäuben

Die **Blätterteigplatten** nebeneinander auf die Arbeitsfläche legen und kurz antauen lassen. Den Backofen auf 170 °C (Umluft) vorheizen, ein Backblech mit Backpapier belegen • **Haselnüsse**, **Vollrohrzucker**, **Rapsöl**, **Vanille** und **Zimt** zügig verrühren. Die Nussmasse auf den Teigplatten verteilen, dabei jeweils am oberen Rand einen 2 cm breiten Streifen frei lassen. Den Streifen mit etwas warmem Wasser bestreichen. Die Teigplatten dann von unten nach oben aufrollen und die Naht mit den Fingern feststreichen. Jede Rolle mit einem scharfen Messer in sechs Scheiben schneiden • Die Scheiben auf das Backblech legen und im heißen Ofen (Mitte) etwa 15 Minuten backen. Herausnehmen und noch warm mit **Vollrohrpuderzucker** bestäuben.

VARIANTE Noch leichter zu rollen und noch nussiger im Geschmack sind die Schnecken mit Haselnussmus statt mit gemahlenen Nüssen. Auch das Öl wird dann nicht mehr benötigt. Und wer keine Nüsse mag, lässt sie einfach ganz weg – schlichte Zimtschnecken schmecken auch sehr fein!

(fertig in 1 Stunde 20 Minuten + 1 Stunde 10 Minuten Backen)

MOHN-STREUSELKUCHEN MIT BIRNE UND ROSINEN

Für 12 Stücke:

Für den Boden:

200 g kalte Margarine ohne gehärtete Fette
140 g Vollrohrzucker
310 g Dinkelmehl (Type 1050)
30 g Sojamehl
je ½ TL gemahlene Vanille und Jodsalz

Für die Füllung:

1 Bio-Zitrone
30 g Speisestärke (Maisstärke)
500 g Sojajoghurt
50 g weiche Margarine ohne gehärtete Fette
250 g gemahlener backfertiger Mohn
130 g Vollrohrzucker
1 TL gemahlene Vanille
1 Msp. Jodsalz
100 g Rosinen
2 kleine Birnen
2 EL Birnen-, Quitten- oder Apfelgelee zum Bestreichen

Außerdem:

Springform (26 cm ⌀)

Für den Boden **Margarine**, **Zucker**, **Dinkel**- und **Sojamehl**, **Vanille**, **Jodsalz** und 40 ml Wasser mit den Händen oder in der Küchenmaschine zügig zu einem glatten Teig verkneten. Drei Viertel des Teigs in die Form drücken und einen Rand hochziehen. Den Boden und den restlichen Teig mindestens 1 Stunde kühlen • Inzwischen für die Füllung die **Zitrone** heiß abwaschen und abtrocknen. Die Schale abreiben, die Frucht auspressen. Die **Speisestärke** mit etwas **Sojajoghurt** glatt rühren. Die Stärkemischung dann mit dem restlichen Sojajoghurt, Zitronenschale, 2 EL Zitronensaft, **Margarine**, **Mohn**, **Zucker**, **Vanille** und **Jodsalz** mit dem Pürierstab sorgfältig verquirlen. Die **Rosinen** mit einem Löffel unterheben • Die **Birnen** schälen, längs sechsteln und die Kerngehäuse entfernen. Die Stücke mit dem restlichen Zitronensaft beträufeln • Den Backofen auf 170 °C (Umluft) vorheizen. Die Mohnmasse in die Form füllen und die Birnenstücke kreisförmig darauflegen. Aus dem restlichen Teig Streusel formen und zwischen den Birnen verteilen. Den Kuchen im heißen Ofen (Mitte) 1 Stunde 10 Minuten backen. Falls er zu schnell bräunt, nach 40 Minuten mit Alufolie abdecken • Den Kuchen aus dem Ofen nehmen. Das **Gelee** mit 1 EL Wasser glatt rühren und auf die warmen Birnen streichen.

»Ein Klassiker, der wirklich immer gut ankommt und je nach Saison auch mit Aprikosen- oder Zwetschgenhälften lecker schmeckt.«

(fertig 25 Minuten + 1 Stunde 30 Minuten Ruhen + 35 Minuten Backen)

OMAS HEFEKUCHEN MIT ÄPFELN UND NÜSSEN

Für 1 Backblech (24 Stücke):

Für den Boden:
750 g Weizenmehl (Type 1050)
¾ Würfel frische Hefe (30 g)
120 g Zucker
1 geh. TL gemahlene Vanille
1 gestr. TL Jodsalz
200 ml Sojamilch
100 ml Rapsöl
Rapsöl und Mehl zum Arbeiten

Für den Belag:
300 g gehackte Walnüsse, Haselnüsse oder Mandeln
150 ml Rapsöl
150 g Zucker
1 kg säuerliche Äpfel

Für den Boden das **Mehl** in eine große Schüssel geben und in die Mitte eine Mulde drücken. Die **Hefe** hineinbröseln, 1 TL **Zucker** hineinstreuen und 100 ml lauwarmes Wasser dazugießen. Alles mit etwas Mehl verrühren. Den Vorteig mit etwas Mehl vom Rand bestäuben und 10–15 Minuten ruhen lassen, bis die Mehlschicht aufreißt • Dann nochmals 100 ml Wasser, den restlichen Zucker, **Vanille**, **Jodsalz**, **Sojamilch** und **Rapsöl** zugeben und alles 10 Minuten mit den Händen oder 7 Minuten mit der Küchenmaschine zu einem geschmeidigen Teig verkneten. Den Teig zu einer Kugel formen, mit einem Küchentuch abdecken und mindestens 45 Minuten ruhen lassen • Ein Backblech dünn mit **Rapsöl** bepinseln. Den Teig auf der leicht **bemehlten** Arbeitsfläche auf Blechgröße ausrollen, auf das Blech legen und weitere 30 Minuten ruhen lassen • Den Backofen auf 170 °C (Umluft) vorheizen. Für den Belag **Walnüsse**, **Rapsöl** und **Zucker** in einer Schüssel vermischen. Die **Äpfel** schälen, vierteln und die Kerngehäuse entfernen. Die Viertel nochmals längs halbieren und in Reihen mit der schmalen Innenseite nach unten leicht in den Teig drücken. Die Nussmischung gleichmäßig auf den Äpfeln verteilen und den Kuchen im heißen Ofen (Mitte) etwa 35 Minuten goldbraun backen • Den Kuchen aus dem Ofen nehmen, in Stücke schneiden und am besten noch warm mit einem Klecks sahniger Vanillecreme (s. S. 139) servieren.

GRUNDREZEPTE

MAYONNAISE

(fertig in 10 Minuten)

Für etwa 200 g:
100 ml Sojamilch
2 EL Weißweinessig
2 EL Zitronensaft
½ TL Kala Namak
½ TL Jodsalz
1 gestr. TL Senf
1 gestr. TL Johannisbrotkernmehl
30 ml Rapsöl
30 ml Leinöl mit DHA aus Algenöl

Sojamilch, **Weißweinessig** und **Zitronensaft** in einen hohen Rührbecher füllen. **Kala Namak**, **Jodsalz**, **Senf** und **Johannisbrotkernmehl** zugeben und alles mit dem Pürierstab verquirlen. Dann weitermixen und dabei **Rapsöl** und **Leinöl** in einem feinen Strahl dazugießen, bis eine cremige Mayonnaise entsteht. Ist die Mayonnaise zu flüssig, etwas mehr Öl untermixen.

SAHNIGE VANILLECREME

(fertig in 10 Minuten)

Für etwa 200 g:
150 ml Sojamilch
1 EL Zitronensaft
2 gestr. EL Vollrohrpuderzucker
½ TL gemahlene Vanille
1 Prise Jodsalz
1 geh. TL Johannisbrotkernmehl (8 g)
50 ml Rapsöl

Sojamilch, **Zitronensaft**, **Vollrohrpuderzucker**, **Vanille**, **Jodsalz** und **Johannisbrotkernmehl** in einen Rührbecher geben und mit dem Pürierstab sorgfältig aufmixen. Dann weitermixen und dabei das **Rapsöl** in einem feinen Strahl dazugießen, bis die gewünschte Festigkeit erreicht ist.

(fertig in 30 Minuten + 48 Stunden Einweichen und Keimen + 2 Stunden Ruhen + 1 Stunde Backen)

WÜRZIGES LANDBROT

Für 1 Brotlaib:
250 g Kamutkörner
250 g Roggenkörner
2 Würfel frische Hefe (à 42 g)
1 gestr. TL Vollrohrzucker
250 g Kamutvollkornmehl
2 Pck. Sauerteigextrakt
3 TL Jodsalz
1–2 TL Brotgewürz (nach Belieben)
Mehl zum Arbeiten

Die **Kamut-** und **Roggenkörner** 12 Stunden einweichen (s. S. 144). Danach in einem großen Küchensieb kalt abspülen und abtropfen lassen. Das Sieb über eine Schüssel hängen und mit einer mehrfach durchlochten Frischhaltefolie abdecken. Die Körner etwa 36 Stunden an einem kühlen Ort (16–20 °C) keimen lassen. Währenddessen die Körner alle 12 Stunden mit reichlich Wasser abspülen. Dabei die Körner nicht wenden, damit die Keime nicht beschädigt werden, und gut abtropfen lassen • **Hefe** und **Zucker** in 75 ml lauwarmem Wasser auflösen und 10–15 Minuten ruhen lassen, bis sich eine Schaumkrone gebildet hat. Hefewasser, gekeimtes Getreide, 200 g **Mehl** und **Sauerteigextrakt** in die Rührschüssel der Küchenmaschine geben. Alles mit dem Messereinsatz in etwa 10 Minuten zu einem homogenen Brei zerkleinern. Das **Jodsalz** und nach Belieben das **Brotgewürz** zugeben und gründlich untermischen. Den Teig abgedeckt in der Rührschüssel 1 Stunde ruhen lassen, bis er sein Volumen etwa verdoppelt hat • Den Teig auf die **bemehlte** Arbeitsfläche geben und mit den Händen zügig zusammenkneten. Bei Bedarf noch etwas Mehl unterkneten. Einen länglichen Laib formen (mehr hoch als breit), auf Backpapier legen und abgedeckt nochmals 1 Stunde ruhen lassen • Den Backofen mit Backblech auf 200 °C (Ober-/Unterhitze) vorheizen. Den Brotlaib rundum bemehlen, mit dem Backpapier auf das Backblech ziehen und im Ofen (2. Schiene von unten) 50–60 Minuten backen. Herausnehmen und auf einem Rost abkühlen lassen • Das Landbrot zu Aufstrichen (s. S. 52–55) oder zu Sylter Salat (s. S. 73) servieren oder zu Sandwiches schichten.

VARIANTE Wem die Muße zum Keimen fehlt, der kann natürlich auch aus fein gemahlenem Mehl ein leckeres und gesundes Brot backen. Dafür 500 g fein gemahlenes Kamutmehl, 250 g Roggenvollkornmehl, zerbröselte Hefe, Sauerteigextrakt, Salz und Brotgewürz in einer Schüssel mit 500 ml lauwarmem Wasser verkneten. Den Teig mit einem Küchentuch abdecken und 45 Minuten ruhen lassen. Danach zusammenkneten, auf Backpapier zu einem länglichen Brotlaib formen und abgedeckt nochmals 45 Minuten gehen lassen. Wie beschrieben backen.

»Ich lasse den Laib in seiner zweiten Ruhephase gerne in einem gut bemehlten Gärkörbchen gehen: Darin kann er nicht in die Breite laufen, und das Brot bekommt ein hübsches Rillenmuster.«

»Chapati-Brot stammt aus Nordindien und wird dort traditionell aus einer Mischung verschiedener Vollkorngetreide zubereitet, meist aus Gerste, Weizen und Hirse. Diese Mehlsorten können Sie auch einzeln verwenden – und auch mit Roggenvollkornmehl gelingt leckeres Chapati.«

(fertig in 25 Minuten + 30 Minuten Ruhen)

HAUSGEMACHTES CHAPATI-BROT

Für 8 Fladen:

250 g Dinkelvollkornmehl
150 ml stilles Mineralwasser
3 EL Rapsöl
1 TL Jodsalz
schwarze Sesamsamen oder
Schwarzkümmelsamen zum Bestreuen
Mehl zum Arbeiten

Mehl, **Mineralwasser**, **Rapsöl** und **Jodsalz** in der Küchenmaschine oder von Hand zu einem geschmeidigen Teig verkneten. Der Teig soll weich sein, jedoch nicht klebrig. (Die benötigte Wassermenge kann je nach Mehl etwas schwanken.) Den Teig zu einer Kugel formen, mit einem Küchentuch abdecken und 30 Minuten ruhen lassen • Aus dem Teig acht Bällchen formen. Diese auf der leicht bemehlten Arbeitsfläche mit dem Nudelholz zu dünnen Fladen ausrollen. Die Fladen mit **Sesam** bestreuen und die Samen mit dem Nudelholz festrollen • Eine Pfanne bei mittlerer Hitze erwärmen. Die Fladen nacheinander darin 1–2 Minuten backen. Sobald der Teig Blasen wirft, wenden und von der zweiten Seite ebenfalls 1–2 Minuten backen. Fertige Brote aus der Pfanne nehmen, auf einem vorgewärmten Teller stapeln und zum Warmhalten mit einem Küchentuch abdecken • Die Brote schmecken zu Aufstrichen (s. S. 52–55), zu Curry (s. S. 103) und sind auch eine feine Hülle für Wraps (s. S. 37).

VARIANTE Wer die Fladen gehaltvoller und knuspriger mag, kann sie nach der Tandoori-Methode zubereiten. Dafür den Teig auf die gewünschte Größe ausrollen und dünn mit Öl bepinseln. Dann mehrfach zusammenfalten, erneut ausrollen und wieder mit Öl bepinseln. Diesen Vorgang drei- bis viermal wiederholen. Die Fladen dann wie beschrieben in einer Pfanne knusprig backen.

HÜLSENFRÜCHTE UND GETREIDE ZUBEREITEN

Getrocknete Hülsenfrüchte und Getreidekörner werden vor dem Kochen eingeweicht – so sind sie besser verdaulich und ihre wertvollen Inhaltsstoffe für den Körper zugänglicher. Ihren optimalen Nährwert jedoch erreichen sie durch Keimung. Die jeweiligen Zeiten für Einweichen, Keimen und Kochen können Sie der Tabelle entnehmen. Die meisten Hülsenfrüchte, außer Bohnen und Kichererbsen, lassen sich auch ohne Einweichen kochen, brauchen dann aber deutlich länger, bis sie gar sind.

Einweichen

Hülsenfrüchte oder Getreidekörner in einer Schüssel mit reichlich Wasser durchspülen, dann in der drei- bis vierfachen Menge Wasser einweichen (s. Tabelle rechts). Danach in ein Sieb abgießen und gründlich abspülen – jetzt sind Hülsenfrüchte und Körner bereit zum Kochen oder Keimen.

Kochen

Hülsenfrüchte gart man am besten ohne Salz. Große und dickhäutige Sorten wie Bohnen und Kichererbsen werden mit 1 gestrichenen TL Natron schneller gar und zarter. Säurehaltige Zutaten dagegen verzögern den Garprozess.

TIPP Wenn Sie Hülsenfrüchte nicht gut vertragen, sollten Sie sie unbedingt gründlich einweichen und sehr weich kochen, eventuell auch pürieren. Das ist besonders wichtig, wenn kleine Kinder mitessen, die noch nicht gut kauen können. Kräuter und Gewürze (s. S. 149) fördern die Verdauung. Geschälte Sorten wie grüne und gelbe Schälerbsen sowie rote und gelbe Linsen sind meist verträglicher. Und: Je kleiner die Hülsenfrucht, desto weniger Probleme verursacht sie.

Keime und Sprossen ziehen

Das Keimen gelingt am besten in speziellen Keimgläsern mit siebartigem Schraubverschluss. Meist verfügen sie auch über eine Vorrichtung, auf der die Gläser kopfüber und schräg gelagert werden können, damit sich keine Staunässe bildet. Das Wichtigste am Keimen ist nämlich, dass die Samen ständig feucht gehalten werden, aber nicht schimmeln. Bitte spülen Sie die Keimlinge zweimal täglich, damit sie genug Wasser zum Wachsen haben. Nach 1 Tag zeigt sich ein Keimansatz, je nach Sorte sind nach 1–5 Tagen Sprossen gewachsen. Danach sind die kleinen Nährstoffbomben bereit zum Verzehr, zum Beispiel als kurz gedünstetes Pfannengemüse oder als knackige Salatzutat. Die Sprossen von Hülsenfrüchten sollten Sie übrigens nicht roh essen, sondern immer kurz blanchiert oder gedünstet.

Größere Mengen Hülsenfrüchte oder Getreide können Sie zum Keimen einfach in ein großes Küchensieb füllen. Das Sieb in eine Schüssel hängen und mit einer mehrfach durchlochten Frischhaltefolie abdecken.

TIPP Beim Keimen ist Hygiene oberstes Gebot. Bitte arbeiten Sie immer mit gründlich gewaschenen Händen und spülen Sie die Keimgefäße nach Gebrauch mit kochend heißem Wasser oder alternativ bei 70 °C in der Spülmaschine ab.

Grünkraut ziehen

Kresse ist der leckere Klassiker, daneben wird Alfalfa (Luzerne) immer beliebter. Sie ist nicht nur besonders schmackhaft, sondern liefert neben Chlorophyll auch viele Vitamine, Mineralstoffe, Spurenelemente und Aminosäuren. Ähnliches gilt für Weizen- und Gerstengras, die allerdings herber schmecken und sich vor allem als Saft oder Zutat im Smoothie eignen. Getreidekörner lassen Sie am besten 2 Tage im Keimglas ankeimen und setzen sie dann auf ein Weizengrassieb. Für Grünkräutersamen wie Kresse und Alfalfa bietet sich ein Kressesieb an. Alternativ lassen sie sich auch auf Erde oder Watte ziehen, allerdings ist hier die Gefahr größer, dass sie schimmeln oder austrocknen.

Sorte	Einweichzeit vor dem Kochen (Stunden)	Kochzeit (Minuten)	Einweichzeit vor dem Keimen (Stunden)	erntereife Sprossen (Tage)	Grünkraut (Tage)
Alfalfa (Luzerne)					7–8
Azukibohnen	12	50	18	4	
Berglinsen	8	10–15	12	3	
Bohnen (schwarz, weiß)	12	90–120	18	4	
Brokkoli			12	5	
Buchweizen (ungeschält)			18	3	12
Gerste	12	60	12	3–4	12
Hirse	8	15–20	12	3	
Kichererbsen	12	60–80	18	3	
Kidneybohnen	12	90–120	18	4	
Kresse					6
Kürbiskerne			12	3	
Leinsamen				2–3	
Mungbohnen	8	45–60	12	3	
Nacktgerste, Nackthafer	8	25	8	3	
Quinoa		15–20	6	1	
Roggen			12	3	12
Schälerbsen (gelb, grün)	3	50			
Sesamsamen			8	1–2	
Sojabohnen	12	90–120	18	4	
Sonnenblumenkerne			6	2–3	6–7
Tellerlinsen	8	25	12	4	
Weizen, Kamut	12	60	12	3	12

UNSER VEGANER VORRATSSCHRANK

Warenkunde

Acerolakirschen sind wahre Vitamin-C-Bomben und enthalten 40-mal mehr des Immun-Vitamins als Orangen. Ihr Saft stärkt daher schon in sehr kleinen Mengen die Abwehrkräfte und hilft dem Körper, Zink und Eisen optimal aufzunehmen. Wir verwenden Acerolasaft zusammen mit einigen Spritzern Zitrone für leichte Schorlen, die wir zu den Mahlzeiten trinken. Ein Teelöffel reicht für ein Glas Mineralwasser. Acerolasaft gibt es im Bioladen und im Reformhaus.

Algen verfeinern Speisen mit einem würzigen Meeresaroma. Je nach Art sind sie sehr reich an Vitaminen, Mineralstoffen und Spurenelementen und liefern besonders viel Jod. Aus diesem Grund sind Algen jedoch auch mit Vorsicht zu genießen – bitte beachten Sie unbedingt die Zufuhrempfehlungen auf der Packung. Nori-Algen gibt es als Blätter in jedem gut sortierten Supermarkt oder als Streuwürze im Bioladen oder Reformhaus. Dort finden Sie meist noch weitere Algenarten wie würzige Wakame für Salate und Suppen oder Meeresspaghetti aus Braunalgen. Im Reformhaus erhalten Sie außerdem mit Algenöl angereichertes Leinöl. Es liefert die langkettige Omega-3-Fettsäure DHA, die sonst nur in fettem Seefisch steckt. Da DHA wichtig für die Gehirnentwicklung ist und nicht immer in ausreichender Menge vom Körper gebildet werden kann, sollten Kinder, Jugendliche und Schwangere regelmäßig DHA-reiches Öl verzehren. Auch Agar-Agar, das anstelle von Gelatine zum Gelieren von Pudding, Gelee oder Gemüsesülze verwendet werden kann, wird aus Algen hergestellt.

Amarant und Quinoa zählen als Fuchsschwanzgewächse zu den Pseudogetreidesorten und dienen in Südamerika seit Jahrtausenden als Grundnahrungsmittel. Sie liefern nicht nur deutlich mehr Calcium, Magnesium und Eisen als Getreide, sondern mit einem Anteil von etwa 15 % auch mehr Eiweiß. Amarant schmeckt Kindern vor allem gepoppt in Müslis oder Pfannkuchen, Quinoa ist eine leckere und deutlich nährstoffreichere Alternative zu Reis. Beide lassen sich außerdem sehr gut keimen (s. S. 144) und verfeinern so Salate und Gemüsepfannen.

Buchweizen ist im botanischen Sinne kein Getreide, sondern ein Knöterichgewächs. Im Gegensatz zu Getreide ist es reich an der Aminosäure Lysin und daher besonders wertvoll für diejenigen, die Soja und andere Hülsenfrüchte nicht vertragen. Es liefert außerdem viele Vitamine, Spurenelemente, Mineralstoffe und sekundäre Pflanzenstoffe, denen günstige Wirkungen auf Blutzucker, Blutdruck und Cholesterinspiegel zugeschrieben werden. Weil Buchweizen kein Klebereiweiß (Gluten) enthält, eignet es sich zwar gut zur Zubereitung von Fladenbrot und Pfannkuchen, zum Backen von Kuchen und Brotlaiben aber nur in Kombination mit anderen Mehlen.

Cashewkerne sind relativ weiche Steinfrüchte mit nussig-süßlichem Geschmack. Daher eignen sie sich besonders gut zur Herstellung von Nuss-Käse (s. S 55). Als Mus sind sie häufig Basis von cremigen Saucen und Süßspeisen. Aber nicht nur ihre kulinarischen Talente überzeugen: Cashewkerne enthalten mit 280 mg/100 g mehr Tryptophan als alle anderen pflanzlichen Lebensmittel. Diese Aminosäure ist Grundbaustein des Glückshormons Serotonin und macht Cashewkerne zu wahren Glücksnüssen.

Chia bedeutet »Stärke« in der Sprache der alten Maya. Die Ureinwohner Mittelamerikas verwendeten die nährstoffreichen Körnchen als Nahrung und Medizin. Sie enthalten mehr Eiweiß als die meisten Samen, reichlich Calcium, Mineralstoffe und Spurenelemente. Dazu kommen jede Menge Antioxidantien sowie Omega-3- und Omega-6-Fettsäuren in einem günstigen Verhältnis. Chiasamen sind sehr ballaststoffreich und verfügen über ein enormes Quellvermögen. In Flüssigkeit gehen sie bis zu 15-facher Größe auf. Daher reicht schon eine kleine Menge als anhaltender und gesunder Sattmacher im Müsli oder Pudding. Chiasamen gibt es im Bioladen und im Reformhaus.

Ei-Ersatz gibt es im gut sortierten Supermarkt, Bioladen und Reformhaus. Meist besteht er aus Mischungen verschiedener pflanzlicher Bindemittel, zum Beispiel Sojamehl, Lupinenmehl, Johannisbrotkernmehl oder Guarkernmehl, Xanthan und Tapiokastärke. Sie lassen sich universell einsetzen. Diese Bindemittel kann man auch einzeln als Ei-Ersatz verwenden, ebenso wie Leinsamen, Pfeilwurzelmehl, Natron, Backpulver, Bananen und Apfelmus – je nach gewünschter Funktion. Johannisbrotkernmehl eignet sich hervorragend zum Binden von Saucen, zum Stabilisieren von Bratlingen oder als Verdickungsmittel und Stabilisator in veganer Mayonnaise oder Mousse, denn es ist kalt quellend und geschmacksneutral. Es wird nach Packungsangabe oder nach Rezept dosiert. Für würziges Gebäck und Bratlinge eignen sich mit ihrem nussigen Geschmack auch gemahlene Leinsamen. Dafür pro Ei 2 EL gemahlene Leinsamen in 3 EL warmem Wasser quellen lassen, danach in den Teig rühren oder kneten. Ebenfalls mit leichtem Nussaroma und ideal für würziges Gebäck, Kuchen, Pfannkuchen oder Nudeln sind Sojamehl und Lupinenmehl. Pro Ei 1 EL Mehl mit 2 EL Wasser verrühren. Backpulver und Natron machen Kuchenteig luftiger. Tapiokastärke, die Sie im Asialaden kaufen können, sorgt für besonders elastischen Stand. In Pfannkuchen oder Muffins funktionieren auch Bananen oder Apfelmus als Bindemittel. Pro Ei ½ zerdrückte Banane oder 3 EL Apfelmus verwenden. Pfeilwurzelmehl eignet sich besonders für die Herstellung von Eiscreme und Sorbet. Übrigens: Die meisten klassischen Rezepte, in denen lediglich 1 Ei verwendet wird, lassen sich auch ganz ohne Ei backen.

Erdnüsse sind eigentlich gar keine Nüsse, sondern Hülsenfrüchte und besonders reich an hochwertigem Protein (Eiweiß). Sie schmecken als würziger Snack wie auch als Brotaufstrich unter Marmelade. Wer Erdnusscreme zu mehlig findet, püriert sie mit einer reifen Banane und 1 EL Acerolasaft. So süß und zart kommt sie auch bei Kindern gut an.

Gerste stammt ursprünglich aus dem Orient und dürfte in Europa den meisten vor allem als flüssiges Brot bekannt sein. Aber nicht nur in Bier kann das Korn punkten. Besonders wertvoll ist Nacktgerste, die reichlich Silizium und andere Spurenelemente enthält und sich als Suppeneinlage oder zur Herstellung von Bratlingen eignet. Ihr junges Grün, das Gerstengras, ist ein echtes Superfood, das mehr Vitamine, Mineralstoffe und Spurenelemente sowie sekundäre Pflanzenstoffe liefert als fast alle anderen Lebensmittel. Es lässt sich leicht selbst ziehen oder als Pulver im Bioladen oder Reformhaus kaufen und ist die perfekte Zutat für Grüne Smoothies.

Hafer ist ernährungsphysiologisch gesehen ein besonders wertvolles Getreide. Es enthält mehr Eiweiß und Fett als andere Getreidesorten, außerdem besonders viel Zink, reichlich Eisen und andere Spurenelemente, Mineralstoffe und Vitamine. Mit seinem süßlichen Geschmack kommt Hafer bei Kindern meist sehr gut an und ist dabei leicht verdaulich.

Hanfsamen enthalten 20–25 % Proteine und liefern dabei alle essenziellen Aminosäuren im idealen Verhältnis und in sehr gut verdaulicher Form. Wer den herben Geschmack mag, kann beim Backen einen Teil des Mehls durch Hanfmehl ersetzen. Das empfiehlt sich besonders für Menschen, die Hülsenfrüchte und Soja nicht vertragen. Ebenso perfekt für die menschliche Ernährung ist der Anteil an Omega-3- und Omega-6-Fettsäuren im Verhältnis 1:3. Hanföl ist daher ein sehr gesundes Öl für die kalte Küche.

Hefe ist ein Allroundtalent. Als Backzutat lässt sie Teige luftig aufgehen und sorgt gleichzeitig dafür, dass Eisen und Zink für den Körper besser verfügbar werden. Als Hefeflocken – bevorzugt als Edelhefeflocken – ist sie eine extrem nährstoffreiche Würze. Hefeflocken schmecken pur oder mit gemahlenen Nüssen als Streukäse-Alternative auf Suppe, Salat und Pasta (s. S. 86) oder verfeinern hausgemachten Nuss-Käse. (s. S. 55). Edelhefeflocken gibt es im Reformhaus, genau wie natürlichen Hefeextrakt. Er verleiht warmen Gerichten und Saucen einen herzhaften Umami-Geschmack. Schon kleine Mengen davon reichen aus, um einen Großteil des Tagesbedarfs an B-Vitaminen zu decken.

Hirse ist glutenfrei, dafür sehr reich an Mineralstoffen, Spurenelementen und besonders an Eisen. Daher eignet sie sich perfekt als erstes Getreide für Babys. Wachsender Beliebtheit erfreut sich seit einigen Jahren die afrikanische Zwerghirse Teff, die besonders viele Nährstoffe liefert und einen angenehm nussigen Geschmack hat.

Hülsenfrüchte sind perfekte Eiweißlieferanten. Sie stecken aber nicht nur voller gesunder Aminosäuren, sondern liefern außerdem viele B-Vitamine sowie reichlich Eisen, Zink und Magnesium. Außerdem enthalten sie komplexe Kohlenhydrate und viele Ballaststoffe, damit sättigen sie lange, ohne den Blutzuckerspiegel zu belasten. Der große Anteil an Ballaststoffen ist allerdings auch Schuld daran, dass Hülsenfrüchte leicht Blähungen verursachen. Wer empfindlich auf sie reagiert, sollte getrocknete Sorten besonders gut einweichen und ausreichend lange garen. Kräuter und Gewürze wie Thymian, Bohnenkraut, Rosmarin, (Kreuz-)Kümmel, Koriander- und Fenchelsamen helfen bei der Verdauung. Geschälte Varianten sind meist verträglicher. Die Bioverfügbarkeit der Proteine, Mineralstoffe und Spurenelemente sowie der Vitamingehalt von Hülsenfrüchten lassen sich durch Keimen extrem verbessern. Mehr Infos zum Einweichen, Kochen und Keimen finden Sie auf den Seiten 144–145. Hülsenfrüchte dürfen übrigens nie roh verzehrt werden. Einige Sorten enthalten giftige Substanzen, die erst durch Kochen oder Keimen abgebaut werden. Auch Einweich- und Kochwasser sollten nicht weiterverwendet werden.

Kala Namak bedeutet auf Hindi »schwarzes Salz«. Es wird traditionell in der ayurvedischen Küche eingesetzt und verleiht dank der enthaltenen Schwefelverbindungen Speisen einen Geschmack von gekochten Eiern. Kala Namak gibt es im gut sortierten Bioladen, im Asialaden oder im Internet.

Leinsamen übertreffen fast alle anderen Pflanzen mit ihrem hohen Gehalt an Omega-3-Fettsäuren, ihr Öl ist daher die perfekte Zutat für die gesunde kalte Küche. Aber die kleinen Körnchen können noch mehr: Bekannt sind ihre verdauungsfördernden und magenschützenden Eigenschaften, außerdem enthalten sie antikanzerogene Stoffe. Ihre Wirkung entfalten die Samen allerdings nur in zerkleinertem Zustand. Gemahlene Leinsamen eignen sich auch als Ei-Ersatz (s. S. 148). Da gemahlener Leinsamen schnell ranzig wird, müssen die Samen nach dem Mahlen lichtgeschützt und kühl gelagert und innerhalb weniger Wochen verbraucht werden. Das gilt auch für Leinöl, das unbedingt im Kühlschrank gelagert werden muss. Beides finden Sie im Bioladen oder Reformhaus.

Mandeln enthalten reichlich Calcium und verfeinern als ganze Kerne oder gehackt süße und pikante Speisen. Als Mus sind sie eine cremige Zutat zu Müslis und eine gute Grundlage für pikante Saucen. Mandelmus können Sie im Bioladen und Reformhaus sowie im gut sortierten Drogerie- und Supermarkt kaufen.

Pflanzenmilch gibt es in vielen Sorten, zum Beispiel als Soja-, Hafer-, Mandel-, Reis-, Dinkel- oder Kokosmilch. Sie alle passen gut zu Müslis oder zu Gerichten, die üblicherweise mit Kuhmilch zubereitet werden wie Grießbrei oder Milchreis. Besondere Eigenschaften hat Sojamilch, die deutlich mehr Eiweiß als alle anderen Pflanzenmilchsorten enthält. Sie lässt sich sehr gut für den Cappuccino aufschäumen und eignet sich darüber hinaus für die Zubereitung von veganer Mayonnaise (s. S. 139) und süßen Cremes. Pflanzenmilch gibt es ungesüßt und gesüßt, angereichert mit Vitamin B_2, B_{12} und D oder pur, mit oder ohne Calcium. Auch geschmacklich sind die Unterschiede enorm. Egal für welche Sorte Sie sich entscheiden, wählen Sie eine calciumreiche – besonders dann, wenn Kinder mittrinken.

Pflanzensahne gibt es ebenfalls als Zubereitung aus Soja, Hafer, Reis und anderen Pflanzen. Sie alle eignen sich zum Verfeinern von Saucen und Cremespeisen. Allerdings sind nur einige aufschlagbar, bitte beachten Sie dazu die Angaben auf der Packung. Ich persönlich bevorzuge als Schlagsahneersatz selbst zubereitete sahnige Vanillecreme (s. S. 139).

Pilze haben einen angenehmen Biss und sind je nach Sorte hocharomatische Zutaten, die Gerichten eine herzhafte Umami-Note verleihen. Besonders würzig sind Shiitake- und Steinpilze. Zudem enthalten Pilze im Verhältnis zu ihrem Energiegehalt viel Eiweiß, Vitamine, Mineralstoffe und Spurenelemente.

Sesamsamen sind besonders reich an Eisen und Calcium und sollten daher regelmäßig verzehrt werden. Da sie auch besonders wohlschmeckend sind, fällt das nicht schwer: Die Körnchen dienen als feine Würze auf Salaten, Pasta oder Reisgerichten, als Mus schmecken sie pur aufs Brot oder als Zutat von Dips und Aufstrichen wie Hummus (s. S. 52). Ihre wertvollen Inhaltsstoffe geben sie nur gut zerkleinert preis, daher sollte Sesamsamen vorwiegend gemahlen und als Mus gegessen werden. Beides gibt es im orientalischen Lebensmittelgeschäft, im Bioladen oder im Reformhaus.

Sojabohnen bereichern die asiatische Küche seit Jahrtausenden. Ihr Eiweiß ist besonders hochwertig, weil es alle essenziellen Aminosäuren im perfekten Verhältnis enthält. Darüber hinaus ist die Sojabohne dank ihrer Vielseitigkeit ein kulinarischer Gewinn: In China und Japan wird sie seit dem Altertum geschätzt und zu den verschiedensten Sorten von weichem und festem Tofu verarbeitet. Fermentiert ist sie in Fernost außerdem Basis der Würzpaste Miso sowie verschiedener herzhafter Saucen. In Indonesien lässt man gepresste Sojabohnen gerne zu Tempeh reifen, der mit seinen Schimmelkulturen ein besonderer Genuss ist und sich knusprig braten lässt. Neben den traditionellen Zubereitungsarten gibt es immer mehr typisch westliche Produkte wie Räuchertofu oder marinierten Tofu mit Nüssen und Kräutern. Als Hackfleisch- oder Gulaschalternative können Sie texturiertes Sojaprotein inzwischen in fast jedem Supermarkt kaufen, genauso wie Würstchen, Buletten und Schnitzel auf Sojabasis. Als Milch, Joghurt oder Sahne sind Sojaprodukte eine nahrhafte Alternative zu Kuhmilch. Sojalezithin ist außerdem ein hervorragender Emulgator für Cremespeisen und Schokolade. Wer gentechnisch verändertem Soja aus dem Weg gehen will, sollte grundsätzlich Bioprodukte kaufen. Einige Hersteller verwenden für ihre Produkte nur Sojabohnen aus Bioanbau in Deutschland und anderen europäischen Ländern.

Süßlupinen werden häufig als »Soja des Nordens« bezeichnet, denn mit einem ebenso perfekten Aminosäuremuster ist diese Hülsenfrucht ein wertvoller Proteinlieferant. Süßlupinensamen schmecken gekocht und gesalzen als Knabbersnack, ersetzen fein gemahlen beim Backen einen Teil des Mehls und eignen sich als Schrot gut für Bratlinge. Im Bioladen oder Reformhaus gibt es außerdem Fertigprodukte wie Geschnetzeltes oder Aufstriche aus Süßlupinen. Im Anbau stellen sie kaum Ansprüche an Klima und Boden und werden sogar als Gründünger eingesetzt. Die Süßlupine ist daher nicht nur aus ernährungsphysiologischer, sondern auch aus ökologischer Sicht eine sehr wertvolle Pflanze.

Urgetreide werden die urtümlichen Verwandten des modernen Weizens genannt. Das sind neben dem populären Dinkel vor allem die Arten Einkorn, Emmer und Khorasanweizen (Kamut). Sie sind nicht so ertragreich wie hochgezüchteter Weizen, dafür meist anspruchsloser an den Boden und als Spelzgetreide von einer schützenden Hülle umgeben, die das Korn vor Schädlingen und Umweltgiften schützt. Außerdem sind Urgetreidearten oft nährstoffreicher als moderner Weizen. Kamut zum Beispiel enthält 20 % mehr Eiweiß als herkömmlicher Weizen. Dinkel verursacht weniger Unverträglichkeiten als Weizen und lässt sich dank sehr ähnlicher Backeigenschaften alternativ verwenden.

Walnüsse schmecken köstlich und sind sehr gesund. Sie enthalten reichlich Omega-3-Fettsäuren sowie Vitamine, Mineralstoffe und Spurenelemente. Die positive Wirkung der Walnuss auf die Herz- und Hirnfunktion ist wissenschaftlich erwiesen. Kleinen Kindern sollten Sie Walnüsse – wie auch andere Nüsse – nur gemahlen oder als Mus anbieten. Walnussöl ist ein schmackhaftes und gesundes Öl für die kalte Küche.

Wasser mit viel Calcium sollten Sie reichlich trinken und gerne auch zum Kochen und zur Teezubereitung verwenden. Achten Sie beim Einkaufen am besten auf einen Calciumgehalt von 500–800 mg/l. Für Kinder sind natriumarme Sorten mit einem Anteil unter 20 mg/l zu empfehlen.

Weizenkeime sind sehr reich an B-Vitaminen und Eisen und enthalten deutlich mehr Zink als die meisten anderen Lebensmittel. Sie schmecken leicht süßlich und passen gut zu Müsli oder Fruchtjoghurt.

TIPP Falls Sie auf der Suche nach Spezialprodukten im Biomarkt oder Reformhaus nicht fündig werden, fragen Sie nach – die meisten Geschäfte gehen bei ihren Bestellungen auf individuelle Wünsche ein, auch wenn die gewünschten Produkte nicht zum festen Sortiment gehören. Alle Zutaten können Sie jedoch auch im Internet bestellen. Viele Online-Anbieter haben sich mittlerweile auf vegane Produkte spezialisiert.

DAS ABC DER VEGANEN ERNÄHRUNG

Alles, worauf Sie achten sollten

Abwechslungsreich essen

Bunt gefüllte Teller sehen appetitlich aus und machen gute Laune. Und wenn Sie sich bei der Auswahl Ihrer Lebensmittel an den verschiedenen Farben und Formen orientieren, brauchen Sie gar nicht viel Theorie, um nahrhafte Mahlzeiten zu komponieren. Die folgenden zehn Grundregeln helfen Ihnen, einen leckeren und gesunden Speiseplan zusammenzustellen:

1. Essen Sie jeden Tag mindestens drei Portionen Gemüse, am besten buchstäblich bunt gemischt. Zum Beispiel einen grünen Salat mit Karotten und Paprika zu Mittag, Brokkoli und Kartoffeln am Abend. Wer mag, startet mit einem Grünen Smoothie in den Tag oder bessert die Bilanz mit einem Glas lecker gewürztem Gemüsesaft auf. Eine Portion Gemüse entspricht etwa einer Handvoll – je nach Größe des Essers.

2. Genießen Sie jeden Tag zwei bis drei Portionen Obst, am besten ebenso bunt gemischt. Jede Frucht hat ihre eigenen Stärken: Bananen liefern reichlich Kalium, Heidelbeeren punkten mit einem hohen Gehalt an Vitamin C und Antioxidantien, Feigen stecken voller Calcium und Aprikosen enthalten viel Eisen.

3. Essen Sie zwei- bis dreimal täglich Vollkornprodukte, am besten aus verschiedenen Getreidearten. Volles Korn liefert deutlich mehr Vitamine, Mineralstoffe, Spurenelemente und Ballaststoffe als weißes Auszugsmehl. Die verschiedenen Arten haben einiges zu bieten: Hirse ist besonders eisenreich, Hafer punktet mit viel Zink und das Pseudogetreide Quinoa ist ein Allroundtalent, das reichlich Eisen und hochwertige Proteine enthält.

4. Integrieren Sie täglich zwei Portionen hochwertige Proteinlieferanten in den Speiseplan. Also z. B. Sojaprodukte wie Sojamilch, Sojajoghurt, Tofu und Tempeh, aber auch andere Hülsenfrüchte wie Linsen, Bohnen, Erbsen, Kichererbsen und Süßlupinen, außerdem Nüsse.

5. Kombinieren Sie jede Mahlzeit mit einer Vitamin-C-reichen Komponente. Vitamin C sorgt dafür, dass unser Körper die Spurenelemente Eisen und Zink aus pflanzlichen Lebensmitteln besser aufnehmen kann.

6. Essen Sie täglich 30–60 g Nüsse und Samen. Sie sind der perfekte Snack für Zwischendurch, passen als Mus in Müslis oder Saucen oder gehackt zu verschiedenen Speisen. Sie liefern wertvolle Fett- und Aminosäuren, Vitamine, Mineralstoffe und Spurenelemente. Die Fettsäuren der Walnuss sind besonders gesund, Sesam und Mandeln liefern eine Extraportion Calcium.

7. Verwenden Sie überwiegend Olivenöl und hochwertige Omega-3-reiche Öle. Natives Oliven- und Rapsöl eignen sich zum Dünsten sowie für die kalte Küche, hocherhitzbares Olivenöl zum Braten. Walnuss-, Hanf- und Leinöl – am besten angereichert mit der langkettigen Omega-3-Fettsäure DHA aus Algenöl – sind optimal für die kalte Küche. Sie sollten nicht erhitzt werden.

8. Trinken Sie ausreichend und bevorzugen Sie dabei calciumreiches Wasser. Unser Körper braucht Flüssigkeit, damit er optimal funktionieren kann. Ideal, wenn wir dabei gleich noch für eine gute Calciumzufuhr sorgen. Kinder und Jugendliche trinken je nach Alter, körperlicher Aktivität und Außentemperatur am besten 0,8–2 Liter, Erwachsene 1,5–2,5 Liter pro Tag. Neben calciumreichem Mineralwasser sind Tees und Saftschorlen ideal. Auch Pflanzenmilch gibt es angereichert mit Calcium.

9. Tanken Sie jeden Tag mindestens 15–30 Minuten Sonne. Verzichten Sie während dieser Zeit auf Cremes mit hohem Lichtschutzfaktor, denn die UV-B-Strahlen der Sonne regen die körpereigene Vitamin-D-Produktion an. In den dunklen Monaten von Mitte Oktober bis Mitte März sind Vitamin-D-Präparate empfehlenswert.

10. Last but not least: B_{12}, B_{12}, B_{12}!

Vitamin B12 (Cobalamin)

Der menschliche Körper braucht Vitamin B_{12} vor allem für die Zellteilung, für die Blutbildung und für ein funktionierendes Nervensystem. Eine Unterversorgung kann zu irreparablen Schäden und bei Kindern zu schweren Entwicklungsstörungen führen. Daher müssen Schwangere und Stillende ganz besonders auf eine ausreichende Zufuhr achten.

Vitamin B_{12} ist eine organische Verbindung mit dem Spurenelement Kobalt. Es wird von Mikroorganismen produziert, die sich zum Beispiel im Erdreich befinden oder im Verdauungstrakt von Säugetieren siedeln. Auch im menschlichen Dickdarm synthetisieren Bakterien Vitamin B_{12}. Leider ist es dort für unseren Organismus kaum verfügbar, da die Aufnahme von Nährstoffen vorwiegend im Dünndarm stattfindet. Auch wenn es immer wieder Berichte von Menschen gibt, die angeblich ohne Vitamin-B_{12}-Zufuhr von außen auskommen, ist wegen des hohen Risikos für Mangelerscheinungen von Selbstversuchen unbedingt abzuraten.

Einige pflanzliche Lebensmittel enthalten Pseudo-Vitamin-B_{12} – diese sogenannten Analoga sind für den menschlichen Organismus jedoch unbrauchbar. Einige Algenarten könnten natürliche Vitamin-B_{12}-Lieferanten sein, allerdings besteht hier noch Forschungsbedarf. Nach heutigem Stand der Wissenschaft sind ausreichende Mengen nur in tierischen Produkten enthalten. Wer sich vegan ernährt, ist daher auf mikrobiologisch hergestellte Vitamin-B_{12}-Präparate angewiesen. Solche Vitaminpräparate gibt es auch als kinderfreundliche Tropfen oder als Lutschtabletten mit Fruchtgeschmack.

Wenn Sie befürchten, die Einnahme zu vergessen, bauen Sie die Vitamin-B_{12}-Versorgung zusätzlich in die Alltagsroutine ein – zum Beispiel mit der Benutzung von angereicherter Zahnpasta aus dem Reformhaus, Bioladen oder Internet. Oder Sie wählen beim Einkaufen angereicherte Varianten von Lebensmitteln, die Ihre Familie gerne mag und regelmäßig konsumiert, zum Beispiel Pflanzenmilchprodukte oder Fruchtsäfte, die es in jedem Supermarkt gibt.

Bei der Vitamin-B_{12}-Versorgung gilt die Regel: »Geringe Dosierung, dafür öfter«. Denn mit höherer Konzentration nimmt die Aufnahmefähigkeit des Körpers prozentual ab. Das heißt beispielsweise für Erwachsene:

- Zweimal täglich 2–3,5 µg Vitamin B_{12} als Tablette oder Tropfen oder zwei- bis dreimal pro Woche 500–1000 µg in Tablettenform.
- Zweimal täglich 3 Minuten Zähneputzen mit Vitamin-B_{12}-Zahnpasta und/oder über den Tag verteilt zwei bis drei Portionen angereicherte Lebensmittel essen.

Empfohlene Vitamin-B_{12}-Zufuhr (µg/Tag)	
0–3 Monate	0,4
4–11 Monate	0,8
1–3 Jahre	1,0
4–6 Jahre	1,5
7–9 Jahre	1,8
10–12 Jahre	2,0
ab 12 Jahren	3,0
Schwangere	3,5
Stillende	4,0

(D-A-CH Referenzwerte der DGE, ÖGE, SGE/SVE)

Calcium

Jeder Erwachsene trägt etwa 1 kg Calcium mit sich herum, denn es ist der Hauptbaustein unserer Knochen und Zähne und wird darüber hinaus für zahlreiche andere Prozesse im Körper benötigt. Falls wir zu wenig Calcium aufnehmen, bedient sich der Organismus zur Sicherung der Körperfunktionen an den riesigen Reserven in unserem Skelett. Das ist gut für den Organismus, aber schlecht für die Knochen, denn diese werden auf Dauer brüchig.

Allerdings ist für eine gute Versorgung mit Calcium nicht nur wichtig, wie viel wir mit der Nahrung aufnehmen, sondern auch wie gut unser Körper es verwerten kann und wie viel wir ungenutzt ausscheiden. Dies wird von verschiedenen Faktoren beeinflusst.

Eine hohe Proteinzufuhr, insbesondere aus tierischen Lebensmitteln, fördert die Calciumausscheidung über den Urin – ebenso zu viel Koffein, Alkohol und Speisesalz. Hinzu kommt, dass der Körper Calcium nur optimal in die Knochen einbauen kann, wenn er gut mit Vitamin D und Vitamin K versorgt ist. Vitamin K ist in vielen pflanzlichen Lebensmitteln reichlich vorhanden. Daher sind Menschen, die sich abwechslungsreich vegan ernähren, besser mit Vitamin K versorgt als die meisten Durchschnittsesser. Eine ausreichende Versorgung mit Vitamin D hingegen ist über die Nahrung allein kaum möglich, sondern hängt zu einem großen Teil vom Sonnenlicht ab. Lesen Sie mehr dazu auf Seite 157.

Besonders viel gut verwertbares Calcium steckt in Kohlgemüse und in verschiedenen Bohnen. Spitzenreiter sind Flügelbohnen (Goabohnen), die Sie im Asialaden bekommen, außerdem Wild- und Gartenkräuter. Weitere Calciumlieferanten sind Nüsse und Samen wie Sesam, Mohn und Mandeln, Sojaprodukte und einige Mineralwässer. Hier lohnt es sich, gründlich zu vergleichen, denn die Unterschiede sind riesig! Besonders calciumreiche Sorten liefern 500–800 mg Calcium pro Liter.

Empfohlene Calciumzufuhr (mg/Tag)	
0–3 Monate	220
4–11 Monate	330
1–3 Jahre	600
4–6 Jahre	750
7–9 Jahre	900
10–12 Jahre	1.100
13–18 Jahre	1.200
ab 19 Jahren	1.000

(D-A-CH Referenzwerte der DGE, ÖGE, SGE/SVE)

Pflanzliche Calciumlieferanten (mg/100 g)	
Mohn	1.460
Sesamsamen und Sesammus (Tahin)	780
Brennnessel	630
Chia-Samen	630
Flügelbohnen (Goabohnen)	530
Mandeln	252
Sojafleisch (TVP)	250
Haselnüsse	225
Amarant	214
Grünkohl	212
Petersilie	200
Feigen, getrocknet	190
Rucola	160
Kichererbsen, getrocknet	124
Pflanzenmilch, angereichert	120
Fenchel	109
Tofu	105
Brokkoli	105
Pak Choi	105
Chinakohl	77

Vitamin D

... ist eigentlich gar kein Vitamin, denn der menschliche Körper kann es selbst herstellen. Theoretisch müssen wir es also gar nicht mit der Nahrung aufnehmen. Wenn wir näher am Äquator leben würden und regelmäßig Zeit im Freien verbrächten, könnte unsere Haut mithilfe des Sonnenlichts mehr als genug Vitamin D produzieren. Die Realität sieht leider anders aus: Die Sonneneinstrahlung ist in unseren Breiten besonders zwischen Oktober und März nicht stark genug, um die Haut ausreichend zu stimulieren, und wir verbringen immer weniger Zeit draußen. Hinzu kommt, dass der natürliche Vitamin-D-Gehalt der meisten Lebensmittel zu niedrig ist, um unseren Bedarf zu decken.

Die Folgen einer Unterversorgung können enorm sein, denn Vitamin D ist eine hormonähnliche Substanz und übernimmt im Körper viele Steuerungsaufgaben. Hat unser Organismus nicht genügend Vitamin D zur Verfügung, gerät der Calciumhaushalt aus dem Gleichgewicht. Kinder bekommen Rachitis, Erwachsene Osteomalazie und Osteoporose. Forscher vermuten außerdem, dass ein Vitamin-D-Mangel das Risiko für zahlreiche Krankheiten erhöht. Dazu zählen manche Krebsarten, Bluthochdruck, Diabetes Typ 2, Herz-Kreislauf-Erkrankungen, Depressionen, Demenz, einige Infektionskrankheiten und Autoimmunerkrankungen wie entzündliche Darmerkrankungen, Multiple Sklerose und Diabetes Typ 1.

Wenn wir kein Sonnenlicht abbekommen, liegt die Zufuhrempfehlung der Deutschen Gesellschaft für Ernährung (DGE) bei 20 µg Vitamin D am Tag. Mengen dieser Größenordnung, nämlich 16–27 µg/100 g, sind nur in fetten Fischen wie Hering, Aal und Lachs enthalten. Diese werden von den wenigsten Menschen täglich gegessen – wozu übrigens schon allein wegen der hohen Schwermetallbelastung auch keinesfalls zu raten wäre. Milchprodukte liefern gerade mal 0,2 µg/100 g (Kuhmilch) bis 1,3 µg/100 g (Hartkäse) und tragen damit deutlich weniger zu einer guten Vitamin-D-Versorgung bei als landläufig angenommen. Wer isst schon mehr als 1 kg Käse am Tag oder trinkt 10 Liter Milch? Einige pflanzliche Lebensmittel können Vitamin D enthalten, wenn sie ausreichend der UV-B-Strahlung ausgesetzt waren, etwa Pilze. Leider kann man das den Lebensmitteln nicht ansehen, sodass pflanzliche Lebensmittel als Vitamin-D-Lieferanten weitgehend ausfallen.

Die beste Quelle für Vitamin D ist und bleibt das Sonnenlicht. Achten Sie als Eltern daher unbedingt darauf, dass Sie und vor allem Ihre Kinder täglich Zeit im Freien verbringen und dabei je nach Hauttyp 15–30 Minuten Gesicht, Arme und Hände direktem Sonnenlicht aussetzen – ohne Hautcremes mit hohem Lichtschutzfaktor.

Kinderärzte und Ernährungswissenschaftler raten außerdem dazu, Säuglingen unabhängig von der Ernährungsweise bis zu ihrem zweiten Sommer Vitamin-D-Präparate zu geben. Generell brauchen Menschen mit dunklerer Haut für die Vitamin-D-Produktion mehr Sonnenlicht als Menschen mit heller Hautfarbe. Auch ältere Menschen haben einen erhöhten Bedarf, da die Fähigkeit der Haut zur Eigensynthese mit steigendem Alter abnimmt. Eigentlich empfiehlt sich für alle Menschen in unseren Breiten von Oktober bis März eine Supplementierung.

Säuglinge sollten täglich 10 µg Vitamin D einnehmen. Kinder ab 1 Jahr, Jugendliche, Erwachsene, Schwangere und Stillende brauchen in der dunklen Jahreshälfte das Doppelte. Zudem gibt es angereicherte Margarine, Pflanzenmilch und Multivitaminsäfte zu kaufen. Allerdings sind die wenigsten dieser Lebensmittel vegan, da Vitamin D meist aus Wollfett gewonnen wird. Das gleiche gilt für Tabletten aus der Apotheke. Vegane Vitamin-D-Präparate sind als Tabletten oder als Sprays im Internet erhältlich.

Eisen (Ferrum)

... ist der zentrale Baustein des Hämoglobins in unserem Blut. Seine Aufgabe besteht vor allem darin, Sauerstoff dahin zu transportieren, wo er benötigt wird. Als Baustein des Myoglobins dient Eisen zudem als Sauerstoffspeicher in den Muskeln und ist noch an weiteren Funktionen im Organismus beteiligt, zum Beispiel an der Produktion von Enzymen, Neurotransmittern und Hormonen.

Die Folgen eines latenten Eisenmangels sind zunächst unspezifische Symptome wie Erschöpfung, Kopfschmerzen und Abgeschlagenheit. Diese Form des Mangels ist weltweit sehr verbreitet und kommt auch in den Industrieländern vor allem bei Kindern und bei Frauen im gebärfähigen Alter häufig vor. Schwere Formen des Eisenmangels, die Eisenmangelanämie, bei der es zu einer Störung der Blutbildung kommt, werden in den Industrieländern seltener diagnostiziert.

Früher vertraten viele Ärzte und Ernährungswissenschaftler die Auffassung, dass eine vegetarische Ernährung automatisch zu einem Eisenmangel führt. Diese Theorie ist inzwischen widerlegt. Es gibt sogar Hinweise darauf, dass ein Eisenstatus im unteren Referenzbereich gesundheitliche Vorteile mit sich bringt. Denn vor allem das sogenannte Hämeisen, das in Fleisch und Fisch steckt, steht unter Verdacht, die Entstehung von Dickdarmkrebs, Diabetes Typ 2 und möglicherweise auch von Arteriosklerose und koronaren Herzkrankheiten zu

begünstigen, weil es oxidativen Vorgängen im Körper Vorschub leistet.

Eine pflanzenbasierte Ernährung kann uns also sogar in Sachen Eisenversorgung Vorteile bringen, wenn wir dabei berücksichtigen, dass die Bioverfügbarkeit des pflanzlichen Eisens niedriger ist als von Eisen aus Fleisch und Fisch. Behalten Sie daher bei veganer Ernährung die Referenzwerte für die Eisenzufuhr im Blick und nehmen Sie lieber etwas mehr Eisen auf. Achten Sie zudem auf eine gute Vitamin-C-Versorgung, denn Vitamin C verbessert die Eisenaufnahme aus pflanzlichen Lebensmitteln erheblich.

<table>
<tr><th colspan="3">Empfohlene Eisenzufuhr (mg/Tag)</th></tr>
<tr><th>Alter</th><th>männlich</th><th>weiblich</th></tr>
<tr><td>0–3 Monate</td><td colspan="2">0,5</td></tr>
<tr><td>4–11 Monate</td><td colspan="2">8,0</td></tr>
<tr><td>1–6 Jahre</td><td colspan="2">8,0</td></tr>
<tr><td>7–9 Jahre</td><td colspan="2">10,0</td></tr>
<tr><td>10–18 Jahre</td><td>12,0</td><td>15,0</td></tr>
<tr><td>19–50 Jahre</td><td>10,0</td><td>15,0</td></tr>
<tr><td>ab 51 Jahren</td><td>10,0</td><td>10,0</td></tr>
<tr><td>Schwangere</td><td></td><td>30,0</td></tr>
<tr><td>Stillende</td><td></td><td>20,0</td></tr>
</table>

(D-A-CH Referenzwerte der DGE, ÖGE, SGE/SVE)

Gute Eisenlieferanten sind verschiedene Kräuter- und Gemüsearten, Hülsenfrüchte, Nüsse, Samen und Vollgetreide. Kräuter enthalten im Schnitt ein Vielfaches an Eisen im Vergleich zu Gemüse und liefern auch gleich noch das Vitamin C mit, das der Körper braucht, um das Spurenelement optimal zu verwerten. Kräuter empfehlen sich daher besonders als Salat oder als Zutat für Pesto oder Grüne Smoothies.

Pflanzliche Eisenlieferanten (mg/100 g)	
Kakao (stark entölt)	51,4
Pfifferlinge, getrocknet	17,2
Flügelbohnen (Goabohnen)	14,5
Kürbiskerne	12,5
Sojafleisch (TVP)	11,0
Mohnsamen	10,0
Sesamsamen	9,5
Pinienkerne	9,2
Amarant	9,0
Weizenkeime	8,5
Steinpilze, getrocknet	8,4
Vogelmiere	8,4
Leinsamen	8,2
Quinoa	8,0
Linsen, getrocknet	8,0
Zitronengras	8,0
Brennnessel	7,8
Petersilie	7,4
Basilikum	7,3
Pistazien	7,3
Hirse	6,9
Pfirsiche, getrocknet	6,5
Weiße Bohnen, getrocknet	6,5
Gartenmelde	6,1
Kichererbsen, getrocknet	6,1
Hafer	5,8
Tofu	5,4
Haferflocken	5,1
Aprikosen, getrocknet	4,4
Grünkern, Dinkel	4,2
Schwarzwurzel	3,3
Weizen (volles Korn)	3,3
Feldsalat	2,0

Fett

Neben Kohlenhydraten und Proteinen ist Fett einer der drei Hauptnährstoffe des menschlichen Körpers. Es dient als Energiespeicher und wird darüber hinaus für verschiedene Funktionen benötigt – allerdings in Maßen. Ernährungswissenschaftler und Mediziner empfehlen Erwachsenen, maximal 25–30 % der Nahrungsenergie in Form von Fett aufzunehmen. Umgerechnet wären das für einen Erwachsenen 60–80 g pro Tag.

Die meisten Menschen in den Industrienationen, aber auch immer mehr Menschen in den Entwicklungsländern nehmen deutlich mehr Fett zu sich. Das hat negative Folgen für ihre Gesundheit, vor allem begünstigt es die Entstehung von chronischen Krankheiten wie Übergewicht und Fettstoffwechselstörungen. Übergewicht wiederum ist ein Risikofaktor für Diabetes Typ 2, Bluthochdruck, Herz-Kreislauf-Erkrankungen und Brustkrebs. Besonders negativ wirkt sich dabei der übermäßige Verzehr von langkettigen gesättigten Fettsäuren aus, denn sie erhöhen die Gesamt- und LDL-Cholesterinkonzentration im Blut. Ebenso die Transfettsäuren, die außerdem direkt das Risiko für koronare Herzkrankheiten erhöhen.

Gesundheitsförderlich sind dagegen vor allem einfach und mehrfach ungesättigte Fettsäuren, wie sie in den meisten Pflanzen überwiegen. Transfettsäuren, die als Risikofaktoren für Arteriosklerose und koronare Herzkrankheiten gelten, können auch in verarbeiteten pflanzlichen Fetten vorkommen, da sie bei der industriellen Fetthärtung und beim starken Erhitzen von ungeeigneten Pflanzenölen entstehen. Beim Kauf von Fertigprodukten und Margarine sollten Sie daher die Zutatenliste genau studieren und Produkte, die gehärtete Fette enthalten, unbedingt meiden.

Achten Sie stattdessen beim Kauf von Ölen und Margarine auf Omega-3-reiche Arten. α-Linolensäure (Omega-3-Fettsäure) und Linolsäure (Omega-6-Fettsäure) sind mehrfach ungesättigte Fettsäuren, die der Mensch mit seiner Nahrung aufnehmen muss – sie heißen daher essenzielle Fettsäuren. Optimal ist dabei ein Verhältnis von 5 : 1 (Omega-6 : Omega-3). Die meisten Menschen, vor allem Vegetarier und Veganer, nehmen zu viele Omega-6- und zu wenige Omega-3-Fettsäuren auf. Omega-6-reiche Öle wie Sonnenblumen, Distel- oder Maiskeimöl sollten Sie daher möglichst selten oder gar nicht verwenden. Die beste pflanzliche Quelle für Omega-3-Fettsäuren ist Leinöl, gefolgt von Hanföl, Walnussöl, Rapsöl, Sojaöl und Weizenkeimöl.

Eine besondere Rolle spielen die langkettigen Omega-3-Fettsäuren DHA und EPA. Sie sind wichtig für eine gesunde Hirn- und Herzfunktion, schützen die Gefäße vor Ablagerungen und wirken entzündlichen Prozessen in den Zellen entgegen. Kinder brauchen DHA ganz besonders für eine gute Entwicklung des Gehirns und der Augen. Unser Körper kann sie zu einem gewissen Teil selbst herstellen, wenn er genügend Bausteine aus Omega-3-reichem Pflanzenöl zur Verfügung hat und nicht zu viele Omega-6-Fettsäuren und Transfettsäuren die Produktion behindern. Da aber die Eigensynthesefähigkeit von Mensch zu Mensch verschieden und gerade bei Säuglingen und kleinen Kindern nur schwach ausgeprägt ist, sollten zumindest Schwangere, Stillende und Kinder die langkettige Omega-3-Fettsäure DHA auch direkt über die Nahrung aufnehmen.

In der Natur sind DHA und EPA nur in fettem Seefisch enthalten und in deren Futter – den Mikroalgen. Letztere sind für Menschen, die sich pflanzlich ernähren, eine gesunde Quelle. Nehmen Sie also ruhig regelmäßig Algenöl-Kapseln ein oder verwenden Sie als Öl für die kalte Küche Leinöl mit DHA aus Algenöl aus dem Reformhaus oder Bioladen. Noch ein Tipp: Bewahren Sie Leinöl – ob mit oder ohne Algenöl – immer im Kühlschrank auf und verbrauchen Sie es innerhalb weniger Wochen, da es leider schnell ranzig wird.

Eine schlechte Versorgung mit DHA kann negative Folgen für die kindliche Hirnentwicklung haben und zu Störungen der Sehfunktion führen. Das gilt natürlich nicht nur für Kinder, die vegan ernährt werden, sondern auch für diejenigen, die bei einer gemischten Kost selten oder gar keinen Fisch essen.

Die besten Öle für die Küche

- Kalte Küche: Leinöl (am besten mit DHA aus Algenöl, vor allem für Kinder und Schwangere), Hanf-, Walnuss-, Raps-, Soja- oder Weizenkeimöl. Ein guter Lieferant für einfach ungesättigte Fettsäuren ist Olivenöl.
- Dünsten, schonendes Braten und Backen (bis 160 °C): Olivenöl, Rapsöl und Sojaöl.
- Sehr heißes Braten, Backen und Frittieren (über 160 °C): Hocherhitzbares Olivenöl und Kokosöl. Das hitzestabile Kokosöl besteht überwiegend aus gesättigten Fettsäuren und bildet selbst bei sehr hohen Temperaturen keine gesundheitsschädlichen Stoffe. Anders als tierische Fette enthält es vor allem mittelkettige gesättigte Fettsäuren, die sich nicht ungünstig auf das Risiko für Herz-Kreislauf-Erkrankungen auswirken. Bevorzugen Sie fair gehandeltes Kokosöl aus ökologischer Erzeugung.
- Selten oder gar nicht: Distel-, Sonnenblumen- und Maiskeimöl. Sie enthalten kaum Omega-3-Fettsäuren, aber viele Omega-6-Fettsäuren, die die Umwandlung von α-Linolensäure in EPA und DHA behindern. Meiden Sie gehärtete Fette, die häufig in Fertigprodukten, Margarine und Brotaufstrichen stecken. In Bioprodukten sind sie nicht erlaubt.

Gemüse

Wie könnte ein Abc der veganen Ernährung ohne offizielles und allergrößtes Lob der wichtigsten und gesündesten Lebensmittelgruppe überhaupt auskommen: dem Gemüse! Es liefert uns – vor allem wenn wir seine Inhaltsstoffe ins Verhältnis zu seinem Kaloriengehalt stellen – so viele Nährstoffe wie keine andere Lebensmittelgruppe. Je nach Sorte ist es reich an den verschiedensten Vitaminen, Mineralstoffen, Spurenelementen sowie Ballaststoffen und birgt darüber hinaus einen Schatz, dessen volles Potential von der Wissenschaft noch gar nicht erforscht ist: die sekundären Pflanzenstoffe. Forscher gehen von 60.000–100.000 verschiedenen Substanzen aus, von denen erst 5 % wissenschaftlich untersucht wurden. Ihre bislang bekannten Eigenschaften reichen von blutdruckregulierend, blutzuckersenkend, verdauungsfördernd, cholesterinsenkend, antithrombotisch, antimikrobiell, entzündungshemmend und antioxidativ bis zu Immun- und Hormonsystem stärkend und krebshemmend. Das heißt, dass sie sowohl zur allgemeinen Gesunderhaltung als auch zur Vorbeugung gegen bestimmte Krankheiten und sogar bei deren Heilung eine wichtige Rolle spielen können – wenn wir denn genügend Gemüse essen! Dazu zählen übrigens neben den bekannten Gemüsen und Gartenkräutern auch Algen und »Grünzeug«. Das halten viele sicher erst einmal für ungenießbar, dabei ist es besonders reich an Nährstoffen, zum Beispiel das Blattgrün von Karotten oder Roter Bete, die Blätter verschiedener Büsche, Sträucher und Bäume, etwa Haselnuss, Eiche oder Brombeere, sowie Wildpflanzen wie Brennnessel, Löwenzahn und Wilde Malve. Viele dieser Pflanzen schmecken pur sehr herb und holzig, lassen sich aber in Kombination mit süßen Früchten im Mixer zu leckeren Smoothies verarbeiten.

Essen Sie so viel Gemüse wie Sie mögen und vertragen – am besten möglichst oft auch als unerhitzte

Frischkost, da viele wertvolle Vitamine und sekundäre Pflanzenstoffe hitzeempfindlich sind. Hier ist gutes Kauen besonders wichtig, denn unzureichend gekautes Gemüse kann Bauchschmerzen und Verdauungsprobleme verursachen. Außerdem nimmt unser Körper Nährstoffe nur dann optimal auf, wenn die Nahrung aufs Feinste zerkleinert den Darm erreicht. Grüne Smoothies bieten deshalb auch kleineren Kindern eine gute Möglichkeit, Rohkost zu genießen. Aber Achtung: Einige Sorten – zum Beispiel Auberginen, Kartoffeln, Maniok, viele Pilze und Hülsenfrüchte – sollten nicht roh verzehrt werden. Sie enthalten teilweise giftige Stoffe, die erst durch Kochen bzw. Keimen abgebaut werden. Ein Basisrezept für Einsteiger finden Sie im Rezeptteil (s. S. 29).

So begeistern Sie Ihre Kinder für Gemüse und Grünzeug:

- Kinder finden es toll, mitzumachen und Verantwortung zu übernehmen. Beziehen Sie sie in die Planungen für Ihre gemeinsamen Mahlzeiten ein und lassen Sie sie beim Einkaufen öfter mal das Gemüse aussuchen. Das kommt bestimmt gut an!
- Lassen Sie Ihre Kinder beim Kochen mithelfen. Schon die Kleinen können weiches Obst und Gemüse wie Bananen oder Pilze mit einem stumpfen Messer schneiden. Umrühren, Zutaten einfüllen, den Knopf an der Küchenmaschine drücken – es gibt viele kleine Aufgaben, die Kinder meist sehr gerne übernehmen.
- Es ist faszinierend zu sehen, wie aus einem scheinbar toten Korn etwas Lebendiges wächst – ganz besonders für Kinder. Wenn Sie Sprossen oder Kräuter ziehen, können die Kinder das Wässern übernehmen. Lebensmittel aus eigener Zucht und Ernte machen stolz und schmecken besonders gut!
- Gemüse und Kräuter mögen Kinder kombiniert mit einer fruchtigen, süßlichen Komponente oft lieber. Verwenden Sie hin und wieder Trockenfrüchte oder frisches Obst, auch in würzigen Gerichten.
- Richten Sie Gemüse phantasievoll an. Manche Kinder finden es toll, wenn ihr Essen ein lustiges Gesicht und einen interessanten Namen hat.
- Rohkoststicks mit Dip kommen oft gut an, weil man sie mit den Händen essen darf.
- Fast alle Kinder machen eine »Bah-Gemüse-Phase« durch, die ist nämlich leider auch ansteckend. Manchmal hilft es, Gemüse püriert als Pastasauce oder als Gemüsesuppe mit kinderfreundlicher Einlage wie Räuchertofuwürfelchen oder Wurstscheibchen und Nudeln anzubieten.
- Essen ist Gewohnheit. Verzweifeln Sie nicht, wenn Kinder bei neuen Lebensmitteln erst einmal misstrauisch sind. Immer wieder anbieten hilft meist. Bei uns gilt die Regel: Keiner muss essen, was er nicht mag, aber jedes Mal ein wenig probieren ist Pflicht.

Hemmstoffe

Als Hemmstoffe werden Substanzen in pflanzlichen Lebensmitteln bezeichnet, die die Verfügbarkeit der enthaltenen Mineralstoffe und Spurenelemente, vor allem von Eisen und Zink einschränken. Die größte Wirkung hat hier die Phytinsäure, die vor allem in den Randschichten von Hülsenfrüchten und Getreide vorkommt. Sie dient der Pflanze als Phosphat- und damit als Energiespeicher für das Wachstum, bindet allerdings Mineralstoffe wie Eisen, Zink und Calcium, sodass deren Aufnahme durch den menschlichen Organismus behindert wird. Mit einigen Tricks bei der Zubereitung lässt sich die Phytinsäure weitgehend ausschalten, zum Beispiel durch die Sauerteigführung bei der Brotherstellung oder durch die Verarbeitung mit Hefe, außerdem durch gründliches Einweichen, durch Erhitzen und Fermentieren. Besonders empfehlenswert ist das Ziehen von Keimlingen, denn dabei lässt sich sogar ein doppelter Nutzen erzielen: Der Keimling baut bei seiner Bildung nicht nur die Phytinsäure ab, sondern gleichzeitig hochwertige Enzyme, Vitamine, sekundäre Pflanzenstoffe und essenzielle Aminosäuren auf, die unser Körper gut aufnehmen kann. Eine Anleitung zum Keimen finden Sie auf Seite 144.

Bei der Fermentierung werden Lebensmittel unter dem Einfluss verschiedener Mikroorganismen vergoren und so haltbarer gemacht. Die dabei entstehende Milchsäure sorgt dafür, dass Mineralstoffe und Spurenelemente besser aufgenommen werden können. Außerdem hat sie einen positiven Einfluss auf die Darmflora und einen krebshemmenden Effekt. Besonders verbreitete fermentierte Lebensmittel sind Sauerkraut und andere eingelegte Gemüse sowie Joghurt.

Neben der Phytinsäure gibt es weitere Substanzen, die die Aufnahme von Mineralstoffen und Spurenelementen stören können, z. B. Ballaststoffe, Soja- und Milchproteine sowie die Tannine in schwarzem Tee, Kaffee und Rotwein.

Umgekehrt gibt es auch Stoffe, die einen positiven Einfluss auf die Bioverfügbarkeit von Mineralstoffen aus Pflanzen haben. Dazu zählen neben der genannten Milchsäure aus fermentierten Lebensmitteln auch Fruchtsäuren, die in verschiedenen Obst- und Gemüsesorten vorkommen und vor allem Vitamin C, das die Aufnahme von Eisen aus pflanzlichen Lebensmitteln um das Drei- bis Vierfache erhöhen kann.

So erhöhen Sie die Bioverfügbarkeit:

- Kombinieren Sie eisenreiche pflanzliche Lebensmittel mit Vitamin-C-reichen Komponenten, zum Beispiel mit Paprika, Petersilie, Zwiebeln oder Zitrusfrüchten.
- Trinken Sie zu den Mahlzeiten Vitamin-C-reiche Getränke. Besonders zu empfehlen sind neben dem süßen Klassiker Orangensaft vor allem Schorlen mit dem Saft der Schwarzen Johannisbeere. Sie enthält mehr als viermal so viel Vitamin C wie Orangensaft und liefert dazu noch eine Extraportion Eisen und Magnesium. Mineralwasser mit 1 EL Sanddorn- oder Acerolasaft und einigen Spritzern Limettensaft schmeckt erfrischend und liefert ohne viel Zucker und Kalorien reichlich Vitamin C.
- Genießen Sie Kaffee und schwarzen Tee in Maßen und am besten mit Abstand zu einer eisen- und zinkreichen Mahlzeit – vor allem wenn er mit Sojamilch kombiniert wird. Auch grüner Tee hemmt die Eisenaufnahme und sollte daher ebenfalls nicht zu eisenreichen Mahlzeiten getrunken werden. Wegen seines Reichtums an Antioxidantien ist er dennoch sehr empfehlenswert.
- Weichen Sie Getreide und Hülsenfrüchte vor dem Kochen am besten über Nacht ein oder noch besser: Lassen Sie sie keimen.
- Bevorzugen Sie Sauerteigbrote.

Imitate

... braucht man nicht wirklich, sind aber manchmal die letzte Rettung – besonders in kindlichen Trotzphasen. Wenn der Nachwuchs sich beschwert, dass andere Kinder Würstchen essen, Schnitzel kriegen oder Salamibrote mampfen dürfen, ist es hilfreich, eine Alternative zur Hand zu haben. Und wer von klein auf an den Geschmack von pflanzlichen Würstchen gewöhnt ist, vermisst tierische bestimmt nicht. Bei uns zu Hause wird jedenfalls genauso über Tofuwürstchen gejubelt wie anderswo über Fleischwürstchen.

Inzwischen gibt es in Supermärkten, Bioläden und Reformhäusern eine breite Auswahl an veganen Würstchen, Schnitzeln und Aufschnitt, meist auf der Basis von Tofu, Lupinen oder Weizeneiweiß. Geschmacklich sind die Unterschiede enorm – von ungenießbar bis ziemlich lecker ist alles dabei! Daher lohnt es sich, verschiedene Sorten auszuprobieren. Aus gesundheitlicher Sicht ist wenig dagegen einzuwenden, gelegentlich zu solchen fleischähnlichen Fertigprodukten zu greifen. Die meisten enthalten immer noch deutlich weniger Fett als ihre tierischen Entsprechungen, vor allem weniger gesättigte Fettsäuren und kein Cholesterin. Allerdings sind auch sie oft zu salzig und enthalten weniger Vitamine als Frischkost, konventionelle Ware außerdem oft fragwürdige Geschmacksverstärker, Aromen und Konservierungsmittel. Verzehren Sie daher auch Pflanzenwurst und -schnitzel maßvoll und nicht täglich. Und bevorzugen Sie auch hier Bio-Produkte!

In veganen Supermärkten und Online-Shops können Sie sogar Kaviarersatz aus Algen kaufen, ganze Truthähne aus Weizeneiweiß, Pseudo-Rumpsteaks, »Mock«-Entenbrustfilets oder falsche Riesengarnelen mit authentischer Bissfestigkeit ... Über Geschmacksfragen sollte man ja bekanntlich nicht streiten, und einigen Neu-Veganern helfen solche Imitate beim Umstieg.

Jod

Das Spurenelement Jod ist Hauptbestandteil der Schilddrüsenhormone, die zahlreiche Prozesse im menschlichen Körper steuern. Es ist unverzichtbar für die Zellteilung, für die Entwicklung von Knochen und Gehirn sowie für den Stoffwechsel von Kohlenhydraten, Proteinen und Fetten.

Wenn wir nicht genügend Jod aufnehmen, sinkt die Konzentration von Schilddrüsenhormonen im Blut. Unsere Leistungsfähigkeit nimmt ab, wir fühlen uns schlapp und werden anfällig für Infekte. Um dies auszugleichen und wieder mehr Hormone zu bilden, wächst die Schilddrüse übermäßig – es entsteht ein Struma (Kropf). Damit steigt die Gefahr für eine chronische Unterfunktion bis hin zum Versagen der Schilddrüse, aber auch das Risiko für eine Überfunktion und für Schilddrüsenkrebs.

Eine schlechte Jodversorgung im Mutterleib, in der Kindheit oder in der Jugend kann zu einer beeinträchtigten motorischen und geistigen Entwicklung führen, schlimmstenfalls zu schweren und irreparablen Entwicklungsstörungen des Gehirns und des Skeletts. Diese drastischen Formen kommen in den Industrieländern nur sehr selten vor. Allerdings leiden auch in Europa mindestens 30 % der Bevölkerung unter einem leichten bis mäßigen Jodmangel.

Das liegt daran, dass viele Teile Europas, auch Deutschland, Jodmangelgebiete sind. Die Böden enthalten also nur sehr wenig Jod, sodass die darauf gewachsenen Pflanzen zur Jodversorgung kaum beitragen können. Mit der überwiegenden Verwendung von jodiertem Speisesalz hat sich die Jodversorgung der Bevölkerung in Deutschland in den vergangenen Jahren zwar verbessert, sie ist aber immer noch optimierbar. Das gilt für alle Ernährungsstile, besonders aber für vegane.

Die einzigen Lebensmittel, die natürlicherweise viel Jod enthalten, sind neben Meerestieren Algen, deren

Verzehr in Deutschland (noch) nicht besonders verbreitet ist. Dabei sind sie sowohl aus gesundheitlicher als auch aus kulinarischer Sicht eine Bereicherung des Speiseplans. Mehr Infos zu den verschiedenen Sorten und zu ihrer Verwendung finden Sie auf Seite 147.

Da Algen zum Teil extrem jodhaltig sind, dürfen sie nur in Maßen verwendet werden, denn ein zu hoher Jodverzehr kann ebenfalls negative Folgen für die Schilddrüse haben – vor allem, wenn der Organismus an eine eher knappe Versorgung gewöhnt ist. Wir sollten daher unsere Jodzufuhr, falls angestrebt, nur langsam steigern. Die als sehr gesund geltenden Japaner nehmen im Schnitt übrigens deutlich mehr Jod auf als hiesige Fachgesellschaften wie die DGE empfehlen, und das ohne negative Gesundheitsfolgen – im Gegenteil. Allerdings verzehren sie meistens auch von klein auf deutlich mehr Fisch und Algen als wir und sind somit an eine höhere Jodzufuhr gewöhnt.

Empfohlene Jodzufuhr (µg/Tag)	
0–3 Monate	40
4–11 Monate	80
1–3 Jahre	100
4–6 Jahre	120
7–9 Jahre	140
10–12 Jahre	180
13–50 Jahre	200
ab 50 Jahren	180
Schwangere	230
Stillende	260

Jodgehalt verschiedener Lebensmittel (µg/100 g)	
sehr hoher Gehalt	
Algen, versch. Arten (getrocknet)	500–1.100.000
Hijiki	ca. 7.000
Arame	ca. 6.000
Dulse	ca. 2.000
Meeressalat	ca. 2.000
Wakame	ca. 1.500
Nori	ca. 500
Speisesalz, jodiert	1.500–2.500
hoher Gehalt	
Kabeljau	229
Schellfisch	135
niedriger Gehalt	
Champignons	18
Brokkoli	15
Kürbiskerne	12

(Jodgehalt der Algen nach Arche Naturprodukte)

So garantieren Sie die Jodversorgung:

- Verwenden Sie ausschließlich jodiertes Speisesalz oder mit gemahlenen Algen angereichertes Meersalz.
- Bereiten Sie ein- bis dreimal pro Woche Gerichte mit Algen zu – achten Sie bei der Dosierung unbedingt auf die Packungsangaben!
- Bevorzugen Sie Algen mit moderatem Jodgehalt, zum Beispiel Nori.

Kohlenhydrate

... zählen neben Fett und Proteinen zu den Hauptnährstoffen. Sie liefern den Zellen Energie und sind daher so etwas wie der Treibstoff des Körpers. Sie sollten den größten Anteil unserer Kalorienzufuhr ausmachen: 50–60 %. Diese Empfehlung wird von den meisten Menschen in den westlichen Industrieländern nicht umgesetzt. Sie ernähren sich häufig zu fett- und proteinreich und nehmen darüber hinaus einen zu großen Anteil ihrer Kohlenhydrate in Form von Einfach- oder Zweifachzuckern zu sich, was ernährungsphysiologisch ungünstig ist.

Kohlenhydrate werden in Einfachzucker (Monosaccharide), Zweifachzucker (Disaccharide), Mehrfachzucker (Oligosaccharide) und komplexe Kohlenhydrate (Polysaccharide, Vielfachzucker) unterteilt. Zu den Einfachzuckern zählen Glukose und Fruktose, also Traubenzucker und Fruchtzucker, die in verschiedenen Obstsorten enthalten sind, aber auch bei der industriellen Herstellung von Fertiggerichten, Süßwaren und Limonaden verwendet werden. Der bekannteste Zweifachzucker ist die Saccharose, aus der der normale Haushaltszucker besteht.

Isolierte bzw. den Lebensmitteln zugesetzte Einfach- und Zweifachzucker sollten in Maßen gegessen werden und am besten unter 10 % der Energiezufuhr ausmachen, da sie nur sogenannte »leere Kalorien«, aber keine Mikronährstoffe wie Vitamine oder Mineralstoffe liefern. Ein hoher Konsum zuckergesüßter Getränke, wie Limonaden oder Eistee, erhöht wahrscheinlich das Risiko für Diabetes Typ 2. Besonders Kinder, die für ihre optimale Entwicklung eine hohe Nährstoffdichte benötigen, sollten Zucker daher nur in kleinen Mengen und möglichst selten essen. Zum Naschen oder als Nachtisch sind Trockenfrüchte und frisches Obst empfehlenswerter, denn sie liefern neben Zucker auch Vitamine, Mineralstoffe, Spurenelemente und sekundäre Pflanzenstoffe.

Reichlich sollten wir hingegen komplexe Kohlenhydrate in Form von Vollgetreide und Hülsenfrüchten verzehren, denn sie liefern neben vielen Vitaminen, Mineralstoffen, Spurenelementen und sekundären Pflanzenstoffen reichlich Ballaststoffe, die einen guten Einfluss auf die Verdauung, die Darmflora, den Blutzucker- und den Cholesterinspiegel haben. Die vorliegenden Studien weisen darauf hin, dass ein höherer Verzehr von Vollkornprodukten bzw. Vollkorn-Ballaststoffen das Risiko für Übergewicht, Diabetes Typ 2, Bluthochdruck, Herz-Kreislauf-Erkrankungen und Dickdarmkrebs senken kann.

Laborwerte

Um bei veganer Ernährung auf der sicheren Seite zu sein, ist es sinnvoll, verschiedene Blut- und Urinwerte kritischer Nährstoffe etwa einmal pro Jahr untersuchen zu lassen. Besonders wichtig sind die Werte, die die Versorgung mit Vitamin B_{12} anzeigen: Serum-Vitamin B_{12}, Holo-Transcobalamin und Methylmalonsäure (MMA). Wichtig: Serum-Vitamin B_{12} alleine ist nicht aussagekräftig! Außerdem empfehlenswert: 25-OH-Vitamin D3 (Vitamin D), Hämoglobin und Serum-Ferritin (Eisen), Zink im Serum (Zink), 24-Stunden-Jodausscheidung im Urin (Jod), EGRAC (Erythrocyte Glutathione Reductase Activation Coefficient, Vitamin B_2).

Milch

Die Milch macht's! Nur was eigentlich? Darüber ist inzwischen fast ein Glaubenskrieg ausgebrochen.

Bei vielen hat sich der Werbeslogan jedenfalls ganz im Sinne seiner Erfinder ins Gedächtnis gebrannt und dazu beigetragen, dass Kuhmilch als eines der gesündesten Lebensmittel überhaupt gilt, besonders für Kinder. Gut für die Milchindustrie, die die Kampagne in Auftrag gegeben hat, schlecht für die Verbraucher, sagen Kritiker. Denn auch sie glauben: »Die Milch macht's«, meinen allerdings Erkrankungen, die ihrer Meinung nach durch den Verzehr von Milch ausgelöst oder begünstigt würden. Zahlreiche Untersuchungen stützen diese Position, allerdings ist die Studienlage alles andere als einheitlich.

Außer Zweifel steht, dass Kuhmilch von den meisten Menschen nicht gut verdaut werden kann. Etwa 70 % der Weltbevölkerung sind laktoseintolerant, Milch verursacht bei ihnen Bauchschmerzen, Durchfall und andere Verdauungsprobleme. Denn die meisten Menschen stellen nach der Entwöhnung von der Muttermilch oder entsprechendem Ersatz die Produktion von Laktase ein. Dieses Enzym ist zur Verdauung von Kuhmilch aber notwendig, da es den Milchzucker aufspaltet, sodass dieser überhaupt erst aufgenommen werden kann. Lediglich in einigen Regionen der Welt, dazu zählen Mittel- und Nordeuropa, produziert die Mehrheit der Menschen aufgrund einer Genmutation auch nach dem Säuglingsalter noch Laktase. Hierzulande gelten daher nur 15–20 % der Menschen als laktoseintolerant. Dazu kommen etwa 2 %, die eine Allergie gegen Milcheiweiß haben.

Darüber hinaus, so vermuten Forscher, könnte der Verzehr von Milch auch bei Menschen ohne augenscheinliche Unverträglichkeiten oder Allergien negative Gesundheitsfolgen haben. Diskutiert wird ein Zusammenhang mit der Entstehung von Autoimmunerkrankungen wie Neurodermitis, Diabetes Typ 1, Multipler Sklerose und Morbus Crohn. Es ist sehr auffällig, dass in den Ländern, in denen traditionell keine oder wenig Milch getrunken wird, Autoimmunerkrankungen weniger häufig auftreten. Auch erkranken Menschen, die als Babys gestillt werden und daher erst später mit Kuhmilchprodukten in Berührung kommen, seltener an Autoimmunerkrankungen. Hier besteht noch Forschungsbedarf.

Negative Gesundheitsfolgen haben womöglich auch die Östrogene in der Kuhmilch, denn damit Kühe kontinuierlich Milch geben, werden sie fast permanent schwanger gehalten. Neben Östrogenen enthält Milch den insulinähnlichen Wachstumsfaktor (IGF-1). Beide stehen im Verdacht, Übergewicht zu begünstigen und das Krebswachstum zu fördern. Allerdings ist die Studienlage noch dünn bzw. widersprüchlich. Lediglich zwischen Milchkonsum und erhöhtem Risiko für Prostatakrebs sieht die überwiegende Mehrheit der Studien einen Zusammenhang.

Außerdem enthalten Milch und Milchprodukte zum Teil reichlich Protein und Fett. Eine hohe Fettzufuhr kann zur Entstehung von Übergewicht beitragen. In der DONALD-Studie begünstigte außerdem eine hohe Proteinzufuhr über Milch und Milchprodukte im Kleinkindalter und im Alter von 5–6 Jahren die Entwicklung von Übergewicht im Alter von 7 Jahren. Andere Studien fanden diesen Zusammenhang jedoch nicht.

Befürworter verweisen auf den hohen Nährstoffgehalt der Milch, der ihr selbstverständlich nicht abgesprochen werden kann. Schließlich ist sie die Säuglingsnahrung kleiner Kälber, die in relativ kurzer Zeit viel Masse zulegen und sich zum erwachsenen Tier entwickeln. Wir sollten Kuhmilch daher nicht ersatzlos von unserem Speiseplan streichen, sondern an ihrer Stelle nährstoffreiche pflanzliche Lebensmittel verzehren, z. B. calcium- und vitaminreiches Gemüse, Vollgetreide, Nüsse und Samen, mit Calcium angereicherte Pflanzenmilch.

Nahrungsergänzungsmittel

Viele Menschen sind skeptisch gegenüber Nahrungsergänzungsmitteln und finden, dass eine gute Ernährung alle Nährstoffe liefern sollte, die wir brauchen, um fit und gesund zu bleiben. Im Prinzip stimmt das natürlich. Nahrungsergänzungsmittel sollten niemals ein Ersatz für eine vollwertige Ernährung sein, sondern nur eine Ergänzung jener Nährstoffe liefern, die in manchen Lebenssituationen knapp werden können – ob das nun an individuellen Gewohnheiten, Erkrankungen oder äußeren Gegebenheiten liegt. Hier ist vor allem die Versorgung mit Jod über jodiertes Speisesalz beispielhaft, die wahrscheinlich die wenigsten Menschen als flächendeckende Einnahme von Supplementen wahrnehmen, was sie aber de facto ist. Oder die empfohlene Gabe von Vitamin-D-Präparaten an Neugeborene, die in unseren Breiten als Prophylaxe gegen Rachitis praktiziert wird. Auch ist die generelle Empfehlung an Schwangere sicher berechtigt, ungeachtet der persönlichen Ernährungsweise vorsichtshalber Folsäure einzunehmen, schließlich kann eine Unterversorgung in den ersten Wochen der Schwangerschaft zu schweren Fehlbildungen beim Ungeborenen führen.

Im Gegensatz zu den genannten Beispielen ist die vorbeugende Einnahme von Multivitaminpräparaten nach dem Gießkannenprinzip nicht empfehlenswert. Sie bringt keine gesundheitlichen Vorteile und manchmal sogar Nachteile. Denn bei einigen Nährstoffen kann es dadurch zu einer Überdosierung kommen, was durch den Verzehr natürlicher Lebensmittel so gut wie ausgeschlossen ist.

Es sollten also immer nur die Nährstoffe ergänzend eingenommen werden, bei denen eine Unterversorgung diagnostiziert wurde oder absehbar ist. Zu Letzterem zählt bei einer veganen Ernährung Vitamin B_{12}, da pflanzliche Lebensmittel als Lieferanten praktisch ausfallen.

Ein Trost für alle, die die Beschäftigung mit dem Thema Vitamin B_{12} und die Einnahme von Supplementen lästig finden: Wer sich abwechslungsreich und vollwertig rein pflanzlich ernährt und dabei noch auf eine gute Versorgung mit Vitamin B_{12} achtet, erhöht seine Chancen deutlich, in späteren Lebensjahren ohne die (sicher noch viel lästigere) Einnahme von Blutdrucksenkern, Herztabletten, Cholesterinsenkern oder anderer Medikamente auszukommen, die einen erheblichen Teil der omnivoren Mitmenschen zukommen wird.

Omnivore

Der Begriff leitet sich vom lateinischen »omnis« (alles) und »vorare« (fressen) ab und bedeutet »Allesfresser«. Manche (vor allem omnivore) Zeitgenossen finden den Begriff despektierlich und möchten lieber »Mischköstler« genannt werden, so wie es die deutsche Ernährungswissenschaft ja auch tut. Nichtsdestotrotz ist der Begriff »Omnivore« ein wissenschaftlicher. Biologisch gesehen gehört zur Gruppe der Omnivoren neben der Ratte und dem Schwein auch der Mensch. Wie Ratte und Schwein verfügt er über die herausragende Fähigkeit, mit quasi jeder Art von Nahrung über die Runden zu kommen, sei sie nun pflanzlicher oder tierischer Herkunft. So war es ihm im Laufe der Evolution möglich, sich auch den widrigsten Lebensbedingungen, die ihm die Umwelt bot, anzupassen und zu überleben. Das bedeutet im Umkehrschluss allerdings nicht, dass es für den Menschen auch optimal ist, alles zu essen, was er vorfindet und essen kann.

Das bezieht sich vor allem auf das bei Fleischessern beliebte Argument: »Der Mensch hat schon immer Fleisch gegessen ...« (... und sollte daher auch dabei bleiben). Tatsächlich hat der Mensch über lange Strecken seiner Geschichte Fleisch verzehrt – zeitweise vor allem Aas und Kleintiere. Nur durch seine Anpassungsfähigkeit hat er es überhaupt geschafft, hier und da sein individuelles und ganz generell sein Überleben als Gattung zu sichern.

Das heißt allerdings nicht, dass der Verzehr tierischer Lebensmittel, vor allem von Fleisch, immer besonders gut getan hätte. Auch wenn es im Moment sehr in Mode ist, die Steinzeiternährung (Paläo-Diät) als das Optimum zu propagieren, sind die dahingehenden wissenschaftlichen Fakten alles andere als überzeugend. Wie die Ernährung unserer Vorfahren genau zusammengesetzt war, ist unbekannt. Es ist nicht davon auszugehen, dass sie genauso aussah, wie die Vertreter der Paläo-Diät sie heute gerne verkaufen. Tatsache ist: Der Steinzeitmensch wurde selten steinalt. Und das lag nicht nur daran, dass wilde Tiere und menschliche Feinde ihm das Leben schwer machten, sondern auch an seinem teilweise mangelhaften Gesundheitszustand, den er – anders als der moderne Mensch – nicht mit Cholesterinsenkern und Herztabletten in Schach halten konnte. Das gilt übrigens auch für den berühmtesten Vertreter seines Zeitalters, den Ötzi: Der Mann aus dem Eis litt unter Karies und Parodontose, hatte Gallensteine und fortgeschrittene Arterienverkalkung. Wer weiß – vielleicht wäre er ziemlich bald an einem Herzinfarkt gestorben, hätte ihn nicht zuvor die Pfeilspitze eines Verfolgers niedergestreckt.

Vielleicht besteht die erforderliche Anpassungsleistung unserer Epoche ja darin, uns eine vorwiegend pflanzliche Ernährung anzueignen. Zum einen, um unsere Gesundheit zu verbessern und möglicherweise unser Leben zu verlängern, und zum anderen, um das Überleben des Menschen und den Erhalt des ganzen Ökosystems der Erde langfristig zu sichern.

Proteine (Eiweiß)

... sind wichtige Bausteine jeder Körperzelle. Sie setzen sich aus 21 verschiedenen Aminosäuren zusammen, die wir zum Beispiel zur Bildung von Neurotransmittern, Abwehrstoffen, Hormonen und hormonähnlichen Substanzen sowie zur Herstellung von Körpergewebe, vor allem von Muskeln, brauchen. Bei einer Unterversorgung mit Kohlenhydraten kann unser Körper Proteine außerdem zur Energiegewinnung nutzen.

Von den 21 Aminosäuren, aus denen unser Körperprotein besteht, sind mindestens neun unentbehrlich, also essenziell. Das heißt, wir müssen sie mit der Nahrung aufnehmen. Die restlichen kann der Körper aus anderen Aminosäuren selbst zusammenbauen. Allerdings ist diese Fähigkeit unter bestimmten Umständen und vor allem in Phasen des raschen Wachstums nicht gegeben, sodass zu den neun unentbehrlichen sieben bedingt entbehrliche Aminosäuren kommen.

Unentbehrliche Aminosäuren
Histidin
Isoleucin
Leucin
Lysin
Methionin
Phenylanin
Threonin
Tryptophan
Valin
Bedingt entbehrliche Aminosäuren
Tyrosin
Cystein
Arginin
Glutamin
Glycin
Prolin
Seri
Entbehrliche Aminosäuren
Alanin
Asparagin
Asparaginsäure
Glutaminsäure
Selenocystein

Die Proteine der verschiedenen Lebensmittel setzen sich aus unterschiedlichen Aminosäuren zusammen. Je mehr benötigte Aminosäuren im richtigen Verhältnis in einem Lebensmittel stecken, je näher also das sogenannte Aminosäuremuster am menschlichen Bedarf ist, desto höher ist seine biologische Wertigkeit.

Spitzenreiter sind neben Lebensmitteln tierischen Ursprungs Sojabohnen, Lupinen und Hanfsamen. Sie enthalten alle Aminosäuren im optimalen Verhältnis und würden uns Menschen als alleinige Proteinquellen ausreichen. Allerdings ist dies eine rein theoretische Herangehensweise, da wir in der Praxis verschiedene Lebensmittel mit unterschiedlichsten Aminosäuremustern verzehren (sollten), die sich gegenseitig ergänzen.

Getreide beispielsweise enthält im Verhältnis relativ wenig Lysin – bei einer ausschließlichen Ernährung mit Getreide würde unserem Körper also Lysin fehlen. Diese Aminosäure ist aber in Hülsenfrüchten reichlich vorhanden, die wiederum wenig Methionin enthalten. Gerichte, die beide Komponenten kombinieren, also zum Beispiel Bohnen mit Maisfladen oder Reis, sind unter diesem Gesichtspunkt optimal. Allerdings müssen die verschiedenen Aminosäuren gar nicht während einer einzigen Mahlzeit zugeführt werden, es reicht, wenn wir sie über den Tag verteilt zu uns nehmen.

Da die meisten Menschen in den Industrieländern ohnehin mehr Protein aufnehmen als empfohlen wird und notwendig ist, spielen diese Gesichtspunkte bei der Nahrungszusammenstellung in der Praxis fast keine Rolle. Es ist völlig ausreichend, wenn wir die Bandbreite der verschiedenen pflanzlichen Proteinlieferanten nutzen. Neben Vollkornprodukten sollten daher Nüsse und Hülsenfrüchte bzw. Produkte daraus möglichst täglich auf dem Speiseplan stehen. Zu den Hülsenfrüchten zählen Linsen, Erbsen, Lupinen und Bohnen inklusive Sojabohnen und die Produkte, die aus ihnen hergestellt werden wie Tofu, Sojaschnetzel, Sojamilch und Sojajoghurt.

Wer keine Hülsenfrüchte mag oder sie nicht verträgt, sollte bei einer veganen Ernährung darauf achten, öfter lysinreiche Lebensmittel wie Quinoa, Amarant, Buchweizen, Hanfsamen, Mandeln oder Pistazien zu verzehren.

Wie bei anderen Nährstoffen auch, ist der Proteinbedarf von Mensch zu Mensch verschieden. In Experimenten wurden Werte zwischen 0,4 und 0,6 g pro kg Körpergewicht ermittelt. Die Deutsche Gesellschaft für Ernährung (DGE) empfiehlt mit Sicherheitszuschlag (z. B. aufgrund der unterschiedlichen Verdaulichkeit tierischer und pflanzlicher Lebensmittel) eine Zufuhr von 0,8 g Protein pro kg Körpergewicht für Erwachsene (ausgehend vom Normalgewicht) und von 1 g Protein pro kg Körpergewicht für Kinder.

Da diese Empfehlung auf einer anteiligen Versorgung mit tierischen Proteinen beruht, die leichter verdaulich sind, sollte die Zufuhr bei einer rein pflanzlichen Ernährung vor allem bei Kindern lieber etwas höher angesetzt werden: 20–30 % für Kinder bis 6 Jahren und 15–20 % für Kinder über 6 Jahren. Das entspricht beispielsweise einer Proteinzufuhr von 14–16 g für ein 12 kg schweres 18 Monate altes Kind oder von 34,5–36 g für ein 30 kg schweres 9-jähriges Kind.

Keine Sorge, diese Empfehlungen sind leicht umzusetzen, auch wenn die Frage nach den Proteinen oftmals die allererste ist, die von vegankritischen Zeitgenossen gestellt wird. Tatsächlich nehmen die Durchschnittsdeutschen etwa 50 % mehr Proteine auf, als empfohlen wird. Eine überhöhte Proteinzufuhr kann, anders als populäre Diäten wie Low Carb oder Paläo propagieren, die Nieren belasten. Das gilt ganz besonders für Kinder, deren Nieren noch nicht ausgereift und daher besonders empfindlich sind.

Quantenphysik

Ernährungswissenschaft ist ein bisschen wie Quantenphysik. Sie ist …

> *… nicht deterministisch. Das bedeutet, dass der Ausgang eines Experiments nicht eindeutig durch die Anfangswerte festgelegt ist. Oft lassen sich nur Aussagen über Wahrscheinlichkeiten machen.*
>
> (Wikipedia-Artikel zum Stichwort Quantenphysik, 1. April 2015)

Ähnlich verhält es sich mit der Ernährungswissenschaft. Das liegt daran, dass der menschliche Körper ein äußerst komplexes System ist, das zudem sehr vielen äußeren Einflüssen unterworfen ist – nicht nur materiellen. Bei der Entwicklung unseres Gesundheitszustands ist die Ernährung also nur ein Faktor unter vielen, wenn auch ein sehr bedeutender. Aus diesem Grund lässt sich natürlich nicht genau berechnen, welche Konsequenzen die Umsetzung einer bestimmten Ernährungsempfehlung für eine einzelne Person hat. Aber es lassen sich Wahrscheinlichkeiten erkennen. Indem wir also auf eine gesunde Ernährung bei uns selbst und bei unseren Kindern achten, sorgen wir nicht nur dafür, dass sie sich im Rahmen der beeinflussbaren Faktoren bestmöglich entwickeln, sondern legen auch schon den Grundstein für eine gute Gesundheit im späteren Leben.

Die Ernährungsgewohnheiten und die Präferenzen für bestimmte Geschmäcker werden in früher Kindheit geprägt. Wenn unsere Kinder von Anfang an eine Ernährungsweise erlernen und verinnerlichen, die achtsam und respektvoll mit sich selbst, mit der Mitwelt und der Umwelt umgeht, und sich dabei auch an genussvolle Geschmackserlebnisse gewöhnen, die hier und da vom Mainstream abweichen, werden sie mit großer Wahrscheinlichkeit gesundheitlich und vielleicht sogar charakterlich davon profitieren.

Riboflavin (Vitamin B_2)

Vitamin B_2 wird im Volksmund auch gerne das Wachstumsvitamin genannt – ein Name, der seine Hauptfunktion schon verrät: Riboflavin hilft unseren Zellen bei der Gewinnung der Energie, die für Entwicklung und Wachstum benötigt wird. Außerdem brauchen wir es für ein funktionierendes Immun- und Nervensystem und zum Schutz unserer Zellen vor oxidativen Prozessen.

Entzündliche Veränderungen der Haut oder der Schleimhäute, zum Beispiel im Mund oder an der Zunge sowie eingerissene Mundwinkel (Mundwinkelrhagaden) können Symptome einer schlechten Versorgung mit Riboflavin sein. Ein Mangel führt außerdem zu einem erhöhten Homocystein-Spiegel, was wiederum das Risiko für kardiovaskuläre Erkrankungen steigert.

Schwere Mangelzustände kommen in den Industrieländern praktisch nicht vor, denn sehr viele Lebensmittel enthalten Riboflavin und tragen so zu einer Grundversorgung bei.

Kochen schadet Riboflavin übrigens nicht, denn es ist gegen Hitze relativ unempfindlich. Allerdings gehört Riboflavin zu den wasserlöslichen Vitaminen. Am besten, Sie garen Gemüse daher grundsätzlich in wenig Flüssigkeit und verwenden auch das Kochwasser, denn es kann einen erheblichen Teil des Vitamins enthalten. Außerdem sollten Sie Lebensmittel, die Riboflavin enthalten, wie zum Beispiel Weizenkeime und Hefeprodukte, unbedingt dunkel lagern, denn das Vitamin ist extrem lichtempfindlich. Am besten, Sie bewahren Hülsenfrüchte und Getreide, also auch Müsliflocken und Mehl, grundsätzlich im Küchenschrank oder in undurchsichtigen Behältern auf.

Wer den Geschmack mag, kann Hefeprodukte als Würzmittel oder Brotaufstrich verwenden, sie können schon in kleinen Mengen einen erheblichen Teil des Riboflavinbedarfs decken.

Riboflavingehalt verschiedener Lebensmittel (mg/100 g)	
Hefeextrakt (z. B. Vitam R)	15,0
Edelhefeflocken	3,9–5,1
Weizenkeime	0,7
Mandeln	0,6
Champignons	0,45
Kürbiskerne	0,32
Sojafleisch (TVP)	0,30
Erbsen	0,27
Linsen	0,26
Pinienkerne	0,23
Brokkoli, gekocht	0,18
Weizenvollkornmehl	0,17
Haferflocken	0,15

Empfohlene Riboflavinzufuhr (mg/Tag)

Alter	männlich	weiblich
0–3 Monate	0,3	0,3
4–11 Monate	0,4	0,4
1–3 Jahre	0,7	0,7
4–6 Jahre	0,8	0,8
7–9 Jahre	1,0	0,9
10–12 Jahre	1,1	1,0
13–14 Jahre	1,4	1,1
15–18 Jahre	1,6	1,2
19–50 Jahre	1,4	1,1
ab 51 Jahren	1,3	1,0
Schwangere 2./3.Trimester		1,3/1,4
Stillende		1,4

(D-A-CH Referenzwerte der DGE, ÖGE, SGE/SVE)

Schwangerschaft

Schwangere essen für zwei. Das bedeutet aber nicht, dass sie doppelt so viele Kalorien brauchen! Unnötiges Gewicht erschwert die Schwangerschaft und belastet Skelett, Stoffwechsel und Herz-Kreislauf-System nur zusätzlich, dabei hat der Körper mit der Umstellung des eigenen Stoffwechsels und der Versorgung des ungeborenen Kindes schon genug zu tun. Wer in der Schwangerschaft zu viel zunimmt, erhöht das Risiko für einen Schwangerschaftsdiabetes und damit für Komplikationen und Folgeerkrankungen des Kindes. Je nach Ausgangsgewicht und Statur empfiehlt die DGE eine Zunahme von 10–15 kg. Der Richtwert für die zusätzliche Energiezufuhr erhöht sich im 2. Trimester um 250 kcal und im 3. Trimester um 500 kcal pro Tag.

Für zwei zu essen bedeutet, bei der Auswahl der Lebensmittel sowohl an sich selbst, als auch an das ungeborene Kind zu denken und möglichst genussvoll die Dinge zu essen, die beiden guttun. Das sind vor allem Lebensmittel, die schmecken und geballte Mikronährstoffe bieten, also Vitamine, Mineralstoffe und Spurenelemente, außerdem gesunde Fette. Am besten geht das mit reichlich Gemüse, mit Vollkornprodukten, Hülsenfrüchten, Obst, Nüssen, Samen und naturbelassenen Ölen. Die meisten Süßigkeiten liefern leere Kalorien ohne jeden Mehrwert und sollten, so gut es geht, gemieden werden. Als Snack sind Trockenfrüchte und Nüsse ideal. Auch vollwertige Kuchen aus Vollkornmehl, Nüssen und hochwertigen Ölen sind empfehlenswert sowie kleine Mengen Schokolade mit hohem Kakaoanteil.

Proteine Ab dem vierten Monat ist der Bedarf erhöht, und zwar um etwa 10 g pro Tag. Diese lassen sich mit einer kleinen Portion proteinreicher Lebensmittel leicht decken, zum Beispiel mit einem Teller Linsensuppe mit Vollkornbrot, mit einem Wrap, gefüllt mit Salat und Kichererbsen-Hummus, mit einem großen Becher Sojamilchshake mit Früchten, oder einem kleinen Stück Tofu (45 g). Optimal sind Kombinationen aus Getreide, Hülsenfrüchten und Kartoffeln, außerdem Produkte aus Soja oder Süßlupinen sowie Nüsse.

Eisen Unabhängig von der Ernährungsweise wird Eisen bei vielen Schwangeren als Erstes knapp, denn das Spurenelement wird in großen Mengen zur Blutbildung benötigt, schließlich erhöht sich das Blutvolumen um etwa 40 %. Daher empfiehlt die DGE, die Eisenzufuhr zu verdoppeln, also täglich 30 mg aufzunehmen. In der Schwangerschaft sind Vollkornprodukte, vor allem aus Hirse und Hafer, Amarant und Quinoa, Hülsenfrüchte, grünes Gemüse und Kräuter noch empfehlenswerter als sonst. Denken Sie daran, eisenreiche Mahlzeiten immer mit Vitamin-C-haltigem Gemüse, Obst oder Fruchtsaft zu kombinieren.

Beispiele für eisenreiche Mahlzeiten:

- Smoothie mit 50 g Wild- oder Gartenkräutern, 1 EL Haferflocken und vollreifem Obst: 4–5 g Eisen
- Vollkornbrötchen mit 80 g Hummus (aus Kichererbsen und Sesammus): 8–9 g Eisen
- Vollkornpasta (100 g) mit Pesto aus 30 g Wild- oder Gartenkräutern: ca. 6 g Eisen
- Snack aus 30 g getrockneten Pfirsichen oder Aprikosen und 20 g Kürbiskernen: ca. 4 g Eisen
- Quinoa (80 g), Steinpilze und Petersilie: ca. 10 g Eisen
- Hirsebrei aus 80 g Hirse mit Beeren: ca. 5 g Eisen
- 1 Teller Linsensuppe mit Vollkornbrot: ca. 8 g Eisen
- 1 Stück Mohnkuchen aus Vollkornteig: ca. 4 g Eisen

Bei den ärztlichen Vorsorgeuntersuchungen wird der Hämoglobinwert regelmäßig untersucht, Eisenpräparate sind nur bei einem festgestellten Mangel empfehlenswert.

Folsäure Die Fachgesellschaften raten allen Frauen, die schwanger werden wollen oder könnten, zur Vorsorge gegen Neuralrohrdefekte (offener Rücken) und andere Fehlbildungen des Fetus 400 µg Folsäure zusätzlich einzunehmen, da eine ausreichende Versorgung mit einer Durchschnittskost selten erreicht wird. Weil in Gemüse und Vollkorngetreide reichlich Folsäure steckt, nehmen Veganerinnen meist deutlich mehr des Vitamins zu sich als Mischköstlerinnen. Dennoch kommen auch sie nicht immer auf die empfohlenen 550 µg am Tag. Mit einem Präparat sind Mutter und Kind in jedem Fall auf der sicheren Seite!

Calcium Hier ist der Bedarf während der Schwangerschaft nicht erhöht. Es reicht also aus, wenn werdende Mütter sich an die allgemeinen Empfehlungen für eine vegane Ernährung halten und häufig grünes Gemüse wie Brokkoli essen, regelmäßig Sesam oder Sesammus verwenden – das ja auch sehr gut für die Eisenversorgung ist – und viel calciumreiches Mineralwasser (über 500 mg/l) trinken, das heißt 1,5–2,5 Liter pro Tag. Sinnvoll ist auch die Verwendung von calciumangereicherter Pflanzenmilch.

TIPP Wer dazu neigt, das Trinken zu vergessen, bereitet sich am besten gleich morgens eine große Karaffe lecker aromatisiertes Wasser für den ganzen Tag vor. Zu 1,5 Liter calciumreichem Wasser kommen 1–2 Tropfen hochwertiges Aromaöl, zum Beispiel Mandarinen-, Limetten- oder Minzöl in Bioqualität.

Vitamin B_{12} Ganz besonders wichtig ist eine ausreichende Versorgung mit Vitamin B_{12}, es ist essenziell für eine gute Entwicklung des ungeborenen Kindes, vor allem für ein gesundes Nervensystem. Ein Mangel kann schwere und irreparable Folgen haben. Daher sollten Schwangere zweimal täglich ein Vitamin-B_{12}-Präparat mit 2,5–4,0 µg oder zwei- bis dreimal pro Woche hochdosierte Präparate mit 500–1.000 µg einnehmen. Angereicherte Lebensmittel über den Tag verteilt sowie eine Vitamin-B_{12}-haltige Zahncreme können die Vitamin-B_{12}-Zufuhr ergänzen.

Jod Es ist unverzichtbar für eine gesunde Entwicklung des Kindes, insbesondere des Gehirns. Der Bedarf ist während der Schwangerschaft leicht erhöht. Daher sollten Schwangere ausschließlich jodiertes oder mit Algen angereichertes Salz verwenden. Die DGE empfiehlt zudem, dass gesunde Schwangere täglich 100–150 µg Jodid supplementieren. Frauen, die unter einer Schilddrüsenerkrankung leiden, sollten dies mit ihrer behandelnden Ärztin oder ihrem Arzt besprechen. Wer mag, kann auch über die Verwendung von Algen mit einem moderaten Jodgehalt, zum Beispiel mit Nori-Algen, die Jodzufuhr steigern. Dabei bitte unbedingt die Zufuhrempfehlung auf der Packung beachten!

DHA Die langkettige Omega-3-Fettsäure DHA spielt eine unverzichtbare Rolle bei der Entwicklung des kindlichen Gehirns und der Sehfähigkeit. Eine gute Versorgung senkt außerdem das Risiko von Früh- und Fehlgeburten erheblich. Zwar kann der mütterliche Organismus DHA selbst bilden, wenn er genügend α-Linolensäure (die pflanzliche Omega-3-Fettsäure) z. B. aus Lein- oder Rapsöl zur Verfügung hat. Die Umwandlungsrate ist jedoch limitiert und von Frau zu Frau unterschiedlich. Daher ist es sinnvoll, möglichst täglich 25 ml Leinöl zu verwenden, das mit DHA aus Algenöl angereichert wurde, oder täglich eine Kapsel mit 200 mg DHA aus Algenöl einzunehmen.

Vitamin D In unseren Breiten ist es vor allem in den sonnenarmen Monaten zwischen Oktober und März sehr schwer, einen optimalen Versorgungsstatus zu erreichen. Von April bis September können Sie bei einem hellen Hauttyp eine gute Vitamin-D-Versorgung erreichen, wenn Sie Gesicht, Arme und Hände 15–30 Minuten täglich der Sonne aussetzen. Bei einem dunkleren Hauttyp müssen Sie länger in die Sonne – und im Winter ist eine Supplementierung mit 20 µg Vitamin D pro Tag für alle empfehlenswert. Eine Überprüfung der Blutwerte zeigt den Versorgungsstatus mit Vitamin D an.

Vorsichtsmaßnahmen Um den gefährlichen Infektionen Listeriose und Toxoplasmose vorzubeugen, ist es wichtig, Obst und Gemüse, vor allem Salate und Kräuter vor dem Verzehr gründlich zu waschen. Abgepackte Rohkost und Salate sollten in der Schwangerschaft besser nicht verzehrt werden, da sie keimbelastet sein könnten. Sprossen und Keime sollten Sie sicherheitshalber 3 Minuten blanchieren.

Genussmittel Alkohol kann der Entwicklung des ungeborenen Kindes schaden und sollte in der Schwangerschaft nicht getrunken werden. Koffeinhaltige Getränke dürfen Schwangere in moderaten Mengen genießen, 1–3 Tassen Kaffee oder schwarzer Tee gelten als vertretbar. Rauchen – auch Passivrauchen – kann zu einem sehr niedrigen Geburtsgewicht und schlechter Gehirnentwicklung des Kindes führen. Außerdem begünstigt es die Entstehung von Allergien, Asthma und späteren Atemwegserkrankungen des Kindes und steigert das Risiko für den plötzlichen Kindstod.

STillen

... ist die optimale Ernährung für Neugeborene, denn Muttermilch enthält alle notwendigen Inhaltsstoffe im perfekten Verhältnis. Zusätzlich stecken Antikörper gegen Infektionen in der Muttermilch sowie Substanzen, die vor Allergien schützen können. Außerdem stärkt der innige Kontakt die Bindung zwischen Mutter und Kind und fördert so nicht nur die optimale körperliche, sondern auch die seelische Entwicklung des Babys. Der Mutter tut Stillen ebenfalls gut, denn es kurbelt die Produktion von stimmungsaufhellenden Hormonen an, verbessert die Rückbildung und hilft, zum normalen Gewicht zurückzukehren.

Voraussetzung für eine gute Qualität der Muttermilch ist eine gute Ernährung der Mutter. Hier gelten im Prinzip die gleichen Empfehlungen wie für die Schwangerschaft. Nur von einigen Nährstoffen wird noch mehr benötigt – zum einen zur Versorgung des Säuglings, zum anderen aber auch, damit die Mutter ihre ausgeschöpften Reserven wieder auffüllen kann.

Der Mehrbedarf an Energie liegt bei ausschließlichem Stillen während der ersten 4–6 Monate bei 500 kcal pro Tag. In der Stillzeit dürfen Sie bei nährstoffreichen Mahlzeiten gerne zuschlagen und am besten zweimal am Tag warm essen – so fällt es meist leichter, reichlich Gemüse, Hülsenfrüchte und Kräuter zu verzehren. Auch vollwertige Kuchen aus Vollkornmehl, Nüssen und hochwertigen Ölen sind in der Stillzeit empfehlenswerte Zwischenmahlzeiten.

Die WHO empfiehlt sechs Monate lang voll zu stillen. Die Fachwelt diskutiert zwar, wann genau der perfekte Einstieg für die Beikost ist – ob im 5. oder im 7. Lebensmonat –, aber es besteht Einigkeit darüber, dass ein zu früher Start, nämlich vor dem 5. Lebensmonat, gesundheitliche Nachteile mit sich bringen kann. Meist signalisieren Kinder selbst, wann sie bereit für die ersten

Essversuche sind. Sie beginnen, sich für die Mahlzeiten der Großen zu interessieren, greifen nach Lebensmitteln und probieren neugierig alles, was sie in die Finger bekommen. Auch wenn es erst im 7. oder 8. Monat so weit sein sollte, besteht kein Grund zur Panik. Solange Kinder einen gesunden und lebhaften Eindruck machen und sich körperlich gut entwickeln, ist bei voll gestillten Kindern von einer ausreichenden Versorgung auszugehen. Im Zweifel sollten Sie aber immer die Kinderärztin oder den Kinderarzt um Rat bitten.

Wann auch immer Sie mit der Beikosteinführung beginnen: Babys, die keine tierischen Lebensmittel erhalten, sollten unbedingt im ersten Lebensjahr gestillt werden. Die WHO empfiehlt Müttern, bis zum zweiten Geburtstag zu stillen – zwei Milchmahlzeiten täglich sind im zweiten Lebensjahr optimal. Ab dem ersten Geburtstag darf die Muttermilch aber auch schon durch Sojamilch (maximal 200 ml) ersetzt werden.

Kinderärzte empfehlen, dass Neugeborene unabhängig von ihrer Ernährungsweise und der ihrer Mutter im ersten Jahr täglich 10 µg Vitamin D erhalten.

Zu Tisch bitte! Der Beikoststart

Manche Eltern können es kaum erwarten, ihrem Baby den ersten Brei zu geben, und sind dann ziemlich enttäuscht, wenn es nicht gleich begeistert loslöffelt. Am besten, Sie erwarten erst einmal nicht zu viel, denn nur in entspannter Atmosphäre ist gut essen. Ihr Kind sollte ausgeschlafen, gesund und natürlich nicht schon völlig ausgehungert sein – aber auch nicht pappsatt. Die Zeit zwischen zwei regulären Brustmahlzeiten ist perfekt. Am Anfang geht es nur darum, den neuen Geschmack und das Mundgefühl zu testen. Es kann sich gut und gerne mehrere Wochen hinziehen, bis eine Breimahlzeit den Hunger auch wirklich stillt und eine Brustmahlzeit vollständig ersetzt. Erst wenn hier Routine eingekehrt ist, sollten Sie die nächste Mahlzeit einführen.

Fleisch wird bei einer konventionellen Ernährung um den 6. Monat vor allem wegen seines Eisengehalts eingeführt und lässt sich daher gut durch eisenreiches Getreide wie Hirse oder Hafer ersetzen. Weizenkeime eignen sich ebenso als Fleischersatz, denn sie sind ganz besonders reich an Eisen und Zink.

Je weniger Muttermilch Ihr Baby im Verlauf seines zweiten Lebenshalbjahres zu sich nimmt, desto mehr müssen Sie darauf achten, dass es die Nährstoffe bekommt, die in den restlichen Kapiteln des Abc thematisiert werden. Am wichtigsten ist natürlich die Versorgung mit Vitamin B_{12}, hier sollten Sie mit Einführung der dritten Beikostmahlzeit beginnen. Am besten eignet sich dafür ein Präparat in Tropfenform.

Beikostplan mit Rezepten

5.–7. Monat: Gemüsebrei

30–50 g Gemüse putzen, waschen und klein schneiden. Mit wenig Wasser bissfest dünsten, dann mit dem Kochwasser und ½ TL Raps- oder Leinöl pürieren.

6.–8. Monat: Gemüse-Kartoffel-Getreide-Brei

Es wird Zeit, den Gemüsebrei um Kartoffeln und eine eisenreiche Getreidekomponente zu erweitern. Pro Portion ca. 50 g Kartoffeln in dünne Scheiben schneiden, 100 g Gemüse in grobe Stücke teilen. Beides mit 1 EL Hirseflocken, Haferflocken oder Weizenkeimen in wenig Wasser dünsten, bis die Kartoffeln weich und das Gemüse bissfest ist. Mit 1 EL Raps- oder Leinöl und 1 TL Acerolasaft pürieren.

7.–9. Monat: Obst-Getreide-Brei

Er ersetzt die nächste Brustmahlzeit. Dafür 60 ml Wasser mit 1–2 EL Hafer- oder Hirseflocken und 150 g frischem Obst oder Fruchtmus pürieren. Bananen kombinieren Sie am besten mit Vitamin-C-haltigen Früchten oder mit 1 TL Acerolasaft.

8.–10. Monat: Getreide-Nussmus-Brei mit Obst

In einem Topf 200 ml Wasser aufkochen. 4–5 EL Dinkelgrieß und 1–2 EL Mandelmus einrühren, nochmals kurz aufkochen, dann bei ausgeschaltetem Herd einige Minuten quellen lassen. Den Brei mit etwas zerdrücktem Obst, Fruchtsaft oder Fruchtmus verfeinern. Spätestens mit dem Ausfall der dritten Brustmahlzeit – also jetzt – sollten Babys auch Wasser oder Tee trinken.

9.–11. Monat: Fingerfood

Viele Kinder möchten ihre Nahrung jetzt gerne in die Hände nehmen, erkunden und eigenständig essen. Gekochte Kartoffeln, weich gegartes Gemüse, Avocados, Bananen, Birnen, weiches Brot und kleine Mengen gedämpfter Tofu sind ideales Fingerfood. Jetzt beginnt der Übergang zur Familienkost.

10.–12. Monat: Übergang zur Familienkost

Wahrscheinlich werden die Augen Ihres Babys immer größer und die Lust auf Brei immer kleiner. Wenn es seinen Brei verschmäht und neugierig auf die Teller der Eltern oder älteren Geschwister schielt, ist die Zeit gekommen, bei den Erwachsenen mitzuessen. Weiches Brot, am besten aus fein ausgemahlenem Vollkornmehl, schmeckt den meisten Babys. Es darf mit Margarine ohne gehärtete Fette bestrichen werden, mit reifer Avocado oder mit Aufstrichen aus gut gekochten und pürierten Linsen. Nudeln und Reis, Gemüse und Kräuter, Suppen und Eintöpfe – fast alles ist erlaubt. Am besten, Sie zerdrücken die Speisen mit der Gabel. Hülsenfrüchte sollten Babys zunächst nur in kleinen Mengen und in jedem Fall gut püriert probieren. Etwas Kreuzkümmel macht sie bekömmlicher. Da Babys nur sehr wenig Salz und keine scharfen Gewürze essen sollten, salzen Sie am besten bei Tisch nach oder stellen vor dem Würzen eine Portion für das Baby beiseite. Würzmittel wie Hefeflocken, Kurkuma, mildes Currypulver, gedünstete Zwiebeln oder Knoblauch und frische Kräuter eignen sich auch schon für die Kleinsten. Ungeeignet für Babys und Kleinkinder sind wegen der Erstickungsgefahr ganze oder gehackte Nüsse.

Trinken

Wasser ist wichtig – das ist ja inzwischen weithin bekannt. Unser Körper braucht sowohl die Flüssigkeit selbst, als auch die darin enthaltenen Mineralstoffe und Spurenelemente für zahlreiche Prozesse. Dennoch trinken viele Erwachsene, aber auch viele Kinder deutlich weniger als empfohlen wird.

Hinzu kommt, dass besonders beliebte Getränke alles andere als optimal sind, weil sie zu viel Zucker und damit auch zu viele Kalorien enthalten, z. B. Limonaden, Colagetränke und gesüßte Fruchtsaftzubereitungen. Auch unverdünnter Saft ist wegen seines hohen Zuckergehalts nicht als Durstlöscher zu empfehlen, sondern sollte nur in Maßen genossen werden. Letzteres gilt natürlich auch für Kaffee, für schwarzen Tee und für Alkohol.

Das optimale Getränk gegen den Durst ist Wasser. Vor allem bei veganer Ernährung sollten wir zu Mineralwassersorten greifen, die viel Calcium enthalten, also mindestens 500 mg/l, besser noch 800 mg/l. Ein weiteres Auswahlkriterium ist der Natriumgehalt, ganz besonders, wenn Kinder mittrinken. Für sie ist ein Wert unter 20 mg/l optimal, Erwachsene vertragen etwas mehr. Bei normaler körperlicher Aktivität und wenn keine Vorerkrankungen bekannt sind, ist für sie Wasser empfehlenswert, das unter 120 mg Natrium/l enthält. Wer sehr viel Sport treibt und daher auch viel schwitzt, darf ohne körperliche Nachteile auch zu natriumreicherem Wasser greifen.

Manche Kinder (und Erwachsene) finden Wasser ziemlich langweilig und trinken daher nicht ausreichend. Hier helfen manchmal einfache Tricks, um das Getränk interessanter zu machen – zum Beispiel ein bunter Strohhalm, eine Zitronen- oder Limettenscheibe und einige Spritzer Saft. Auch Ingwer bringt Geschmack ins Wasser und ist gesund. Bei Kindern kommt Früchtetee oft besser an als Wasser. Wer mag, bereitet ihn mit calciumreichem Mineralwasser zu und serviert ihn warm oder kalt und selbstverständlich ungesüßt. Stark verdünnte Fruchtsaftschorlen (im Verhältnis 1:4) sind ebenfalls empfehlenswert, vor allem als Vitamin-C-reiche Ergänzung zu einer Mahlzeit. Bei Sanddorn- und Acerolasaft genügt schon 1 EL, denn sie liefern extrem viel Vitamin C. Schwarze Johannisbeeren enthalten etwas weniger Vitamin C, dafür aber besonders viel Eisen.

Richtwerte für die Zufuhr von Wasser (ml/Tag)	
1–3 Jahre	820
4–6 Jahre	940
7–9 Jahre	970
10–12 Jahre	1.170
13–14 Jahre	1.330
15–18 Jahre	1.530
19–24 Jahre	1.470
25–50 Jahre	1.410
51–64 Jahre	1.230
ab 65 Jahren	1.310
Schwangere	1.470
Stillende	1.710

(D-A-CH Referenzwerte der DGE, ÖGE, SGE/SVE)

Umami

Der Begriff »umami« stammt aus dem Japanischen und bedeutet so viel wie herzhaft und wohlschmeckend. Er beschreibt einen fünften Grundgeschmack neben den Richtungen süß, sauer, bitter und salzig. Angeblich entdeckte der japanische Chemiker Ikeda Kikunae ihn bereits 1908 beim Löffeln einer Brühe aus Kombu-Algen, die ihm hervorragend mundete, ohne dass er den Geschmack mit den bislang bekannten Vokabeln beschreiben konnte. Es gelang Ikeda, die Geschmack gebende Substanz, nämlich die Aminosäure Glutamin zu isolieren und taufte die Geschmacksrichtung »umami«. Während ihre offizielle Anerkennung im Westen etwa ein Jahrhundert auf sich warten ließ, trat ihr unnatürlichster und extremster Vertreter, das Mononatriumglutamat, sehr schnell seinen weltweiten Siegeszug als künstlicher Geschmacksverstärker in Fertiggerichten und China-Restaurants an.

Natürlicherweise steckt Glutaminsäure in vielen proteineichen Lebensmitteln und sendet unserem Körper die Botschaft »nahrhaft und lecker«. Das liegt vielleicht auch daran, dass unsere erste Begegnung mit der Glutaminsäure über die Muttermilch stattfindet, sofern wir als Säuglinge gestillt werden. Sie steckt außerdem reichlich in Fleisch und Wurst, vor allem in gereiften Sorten, in reifem Käse wie Parmesan, aber auch in vielen nicht tierischen Lebensmitteln, zum Beispiel in vollreifen und getrockneten Tomaten, in Pilzen, vor allem in Shiitakepilzen, in Sellerie und verschiedenen Kohlsorten, in Oliven, Bohnen, Sojasauce und Misopaste. Am größten ist die Konzentration in Hefeprodukten wie Hefeflocken und Hefeextrakten und in verschiedenen Algenarten. Ganz besonders zu nennen ist hier natürlich die Kombu-Alge, die Herrn Ikeda vor über einem Jahrhundert dazu inspirierte, sich überhaupt erst auf die Suche nach der fünften Geschmacksrichtung zu machen.

Wer beim Umstieg auf eine vegane Ernährung den herzhaften Geschmack mancher tierischer Speisen vermisst oder diesen Geschmackseindruck einfach besonders mag, kann das beim veganen Kochen berücksichtigen und dazu die oben genannten Lebensmittel verwenden – inklusive der besonders glutaminsäurehaltigen Hefeextrakte. Natürliche Hefeextrakte sind nämlich nicht mit isoliertem synthetisch hergestelltem Mononatriumglutamat gleichzusetzen, auch wenn sie gerne als Geschmacksverstärker eingesetzt und aus diesem Grund immer wieder diskutiert werden. Anders als das synthetische Produkt liefern Hefeextrakte aber nicht nur Glutaminsäure, sondern weitere wertvolle Aminosäuren und sind reich an verschiedenen Vitaminen des B-Komplexes. Bei einer veganen Ernährung ist besonders der hohe Gehalt an Riboflavin interessant, aber auch die Vitamine B_1, B_6, Niacin, Folsäure und Pantothensäure sind reichlich vorhanden.

Vollwert-Ernährung

Die Vollwert-Ernährung ist ein Konzept, bei dem neben dem Ziel einer gesundheitsfördernden Ernährung des einzelnen Menschen auch soziale, ökonomische und ökologische Aspekte des Ernährungssystems berücksichtigt werden. In der Praxis bedeutet das zum Beispiel eine Rücksichtnahme auf die Lebens- und Arbeitsbedingungen der Menschen, die unsere Lebensmittel produzieren. Landwirte und Kleinbauern sollten faire Preise für ihre Produkte erhalten. Darüber hinaus werden Umweltaspekte berücksichtigt, also ein möglichst schonender Umgang mit Ressourcen bei der Lebensmittelerzeugung, die Bevorzugung von Produkten aus ökologischer Landwirtschaft ohne den Einsatz von Mineraldüngern, Pestiziden und Gentechnik sowie die Vermeidung von Verpackungsmüll. Auch ein respektvoller Umgang mit Tieren gehört dazu, etwa durch möglichst artgerechte Haltung. Dass Letzteres möglich ist, bezweifeln naturgemäß die meisten Vertreter des Veganismus. Dennoch lassen sich viele Grundsätze der Vollwert-Ernährung auf das Konzept einer vollwertigen veganen Ernährung übertragen:

- Genussvolle und gleichzeitig gesundheitsfördernde Mahlzeiten, schonend zubereitet
- Bevorzugt gering verarbeitete Lebensmittel, also einen großen Anteil an frischen Speisen, auch als unerhitzte Frischkost, möglichst wenig Fertigprodukte, möglichst oft Vollkorn- statt Auszugsmehle
- Bevorzugt ökologisch erzeugte Lebensmittel, möglichst saisonal und regional
- Fair gehandelte Produkte (z. B. Bananen, Kakao und Kaffee)
- Möglichst umweltschonend verpackte Lebensmittel

Weizen und anderes Getreide

Getreide ist weltweit Grundnahrungsmittel Nummer eins. Während in vielen asiatischen Ländern Reis bevorzugt wird, überwiegt im Rest der Welt der Weizen als meistverzehrtes Getreide.

Die verschiedenen Getreidearten liefern neben den Hauptnährstoffen, also Kohlenhydraten, Proteinen und Fett, zahlreiche Mikronährstoffe wie Vitamine, Mineralstoffe, Spurenelemente und sekundäre Pflanzenstoffe. Besonders wertvoll sind die Randschichten des Getreides und die Keimlinge, die allerdings bei der Produktion von Auszugsmehlen größtenteils entfernt werden. Daher ist es empfehlenswert, überwiegend Vollkornprodukte zu verzehren. Diese haben zudem eine günstige Wirkung auf den Zuckerstoffwechsel und tragen mit ihrem Ballaststoffgehalt zu einer anhaltenden Sättigung, einer guten Verdauung sowie zum Schutz vor Übergewicht, Diabetes Typ 2, Bluthochdruck, Herz-Kreislauf-Erkrankungen und Dickdarmkrebs bei.

Diesen Tatsachen zum Trotz ist Getreide im Allgemeinen und Weizen im Besonderen in letzter Zeit etwas in Verruf gekommen. Die meisten populären Theorien in diesem Zusammenhang sind übertrieben und entbehren wissenschaftlicher Grundlagen. Hierzu zählt zum Beispiel die Behauptung, der Verzehr von Weizen trage die Hauptschuld daran, dass immer mehr Menschen übergewichtig und chronisch krank seien. Richtig ist, dass eine übermäßige Zufuhr von Nahrungsenergie, also von zu vielen Kalorien, uns dick und in der Folge auch krank machen kann. Unter diesem Gesichtspunkt ist der übermäßige Genuss von Backwaren aus Weizenauszugsmehl tatsächlich eher ungünstig, da dieses nicht nur weniger Nährstoffe enthält als das volle Korn, sondern auch weniger Ballaststoffe, die länger sättigen und den Blutzuckerspiegel ausgleichen. Selbstverständlich müssen alle Menschen, die unter Zöliakie leiden, Weizen und andere glutenhaltige Getreide lebenslang meiden. Bei Menschen, die (ohne Zöliakie) empfindlich auf Gluten, also das Klebereiweiß, reagieren, kann das Weglassen von Weizen & Co. ebenfalls Linderung bringen (Schätzungen liegen bei etwa 5 % der Bevölkerung in Deutschland). Wer einen Verdacht in dieser Richtung hat, sollte diesem zusammen mit einem Arzt nachgehen. Einen Anlass, Gluten grundsätzlich vom Speiseplan zu streichen, besteht jedoch nicht. Im Gegenteil: Die allermeisten Menschen haben nach heutigem Stand der Wissenschaft keine gesundheitlichen Nachteile durch den Genuss von Weizen und anderen Getreidearten, sondern profitieren vom Verzehr vollwertiger Getreideprodukte.

Dabei ist es günstig – genauso wie bei der Auswahl von Obst, Gemüse, Hülsenfrüchten oder Nüssen – die verschiedenen Getreidearten zu variieren, da verschiedene Pflanzen verschiedene Stärken haben. Wer mag, verwendet zum Beispiel beim Backen oder zur Nudelherstellung statt Weizen eine seiner ursprünglicheren Varianten wie Dinkel, Emmer, Einkorn oder Khorasanweizen (Kamut). Da sie nicht so ertragreich sind wie hochgezüchteter Weizen, werden sie heutzutage viel seltener angebaut, dafür aber meist in ökologischer Landwirtschaft. Alle Gerichte im Rezeptteil, die mit Weizen zubereitet werden, lassen sich auch mit den genannten Verwandten kochen oder backen. Kuchen und Gebäcke, die mit Dinkel statt mit Weizen hergestellt werden, sind meist fester. Dafür bleiben sie länger frisch.

Ein besonders nährstoffreiches Getreide ohne Gluten ist die Hirse, die besonders viel Eisen enthält und gerade bei der Ernährung von Babys und Kleinkindern sehr empfehlenswert ist. Auch Pseudogetreidearten wie Amarant, Quinoa oder Buchweizen ergänzen den Speiseplan sinnvoll. Quinoa zum Beispiel ist nicht nur besonders eisen-, sondern auch sehr proteinhaltig und dabei reich an wertvollen Aminosäuren wie Lysin. Alle drei können gut als Beilage anstelle von Reis oder Weizen-Couscous verwendet werden. Zum Backen eignen sie sich allerdings nur mit Einschränkungen bzw. in Kombination mit anderen Mehlen.

Xenokrates, Pythagoras, die alten Griechen und der Vegetarismus

Schon die alten Griechen dachten darüber nach, wie ein ethischer Umgang mit den Mitgeschöpfen des Menschen aussehen könnte. Xenokrates von Chalkedon (4. Jh. v. Chr.) gilt als Verfasser des ersten Buches zum Vegetarismus. Leider ist es wie fast alle seine Werke verloren gegangen. Es wird jedoch überliefert, dass Xenokrates Fleisch als Lebensmittel ablehnte, weil er Mensch und Tier als Verwandte ansah, die beide mit einer unsterblichen Seele beschenkt seien.

Mit dieser Sicht steht Xenokrates in der Tradition von Pythagoras (etwa 570–510 v. Chr.), dem ersten großen griechischen Philosophen, der die Lehre von der Seelenwanderung vertrat und bis heute als Begründer des ethischen Vegetarismus gilt. Pythagoras gründete in Kroton in Unteritalien eine Gemeinschaft, die er in den antiken Wissenschaften der Mathematik, Geometrie, Physik, Astronomie und Metaphysik unterrichtete. Die ihm nachfolgenden Anhänger, Pythagoreer genannt, sollen nicht nur auf den Genuss von Fleisch, sondern auch auf den Verzehr von Eiern und auf das Tragen von Wolle verzichtet haben. Nach Ansicht der Pythagoreer ist die Milde gegenüber den Tieren auch eine Übung in Menschenliebe und Barmherzigkeit. Der Pythagoras-Biograf Iamblichos von Chalkis (etwa 240–320 n. Chr.) schreibt: »Wenn man sich daran gewöhnt hat, den Tiermord als gesetzlos und widernatürlich zu verabscheuen, so führte man keine Kriege mehr, da man es für viel gesetzloser hielt, einen Menschen zu morden.«

Auch Platon und seine Akademie waren nach den Berichten von Aristoteles vom pythagoreischen Gedankengut beeinflusst. In seinem Werk »Der Staat« beschreibt Platon die Ernährung der ursprünglichen und gesunden Stadt als vegetarisch. Nach seiner Auffassung beginnen die Menschen erst in der großen, unnatürlichen und ungesunden Stadt auch Fleisch zu essen und krank zu werden. Aus diesem Grund sei zu diesem Zeitpunkt auch der Berufsstand des Arztes nötig geworden.

Vom griechischen Philosophen Plutarch sind schließlich die ersten schriftlichen Zeugnisse eines ethisch motivierten Vegetarismus erhalten, er schreibt: »Für ein kleines Stückchen Fleisch nehmen wir den Tieren die Seele sowie Sonnenlicht und Lebenszeit, wozu sie doch entstanden sind und von Natur aus da sind.«

Zink

... ist an einer großen Zahl verschiedenster Prozesse im menschlichen Organismus beteiligt. Es ist Bestandteil von mehr als 200 Enzymen und wird zum Beispiel für das Wachstum der Zellen gebraucht sowie für ein funktionierendes Immunsystem, den Säure-Basen-Haushalt und viele Stoffwechselvorgänge.

Eine schlechte Versorgung mit Zink beeinträchtigt die geistige Leistungs- und Konzentrationsfähigkeit und kann zu Wachstumsstörungen bei Kindern, zu einer verminderten Wundheilung sowie zu einer Schwächung des Immunsystems und der Fortpflanzungsfähigkeit führen.

Die wichtigste Zinkquelle bei einer veganen Ernährung ist Vollgetreide, vor allem Weizenkeime liefern große Mengen an Zink. Nicht zu verwechseln übrigens mit Weizenkleie, die zwar auch sehr viel Zink enthält, aber wegen des gleichzeitig extrem hohen Gehalts an Phytinsäure und Ballaststoffen schlecht verfügbar ist. Wie auch beim Eisen müssen wir berücksichtigen, dass einige Hemmstoffe, allen voran die bereits genannten Phytate sowie Tannine in schwarzem Tee und Kaffee, die Zinkaufnahme beeinträchtigen. Diese Effekte sind allerdings geringer als beim Eisen. Auch Hülsenfrüchte, Nüsse und Samen sind gute Zinklieferanten.

Zinkgehalt verschiedener Lebensmittel (mg/100g)	
Weizenkeime	14,0
Sesamsamen	7,7
Kürbiskerne	7,0
Sojabohnen, getrocknet	4,2
Haferflocken	4,1
Paranüsse	4,0
Linsen, getrocknet	3,7
Erdnüsse, geröstet	3,4
Weizenvollkornmehl	3,4
Steinpilze	1,5
Naturreis	1,5

Empfohlene Zinkzufuhr in mg/Tag		
Alter	männlich	weiblich
0–3 Monate	1,0	1,0
4–11 Monate	2,0	2,0
1–3 Jahre	3,0	3,0
4–6 Jahre	5,0	5,0
7–9 Jahre	7,0	7,0
10–12 Jahre	9,0	7,0
13–14 Jahre	9,5	7,0
ab 14 Jahren	10,0	7,0
Schwangere ab 4. Monat		10,0
Stillende		11,0

(D-A-CH Referenzwerte der DGE, ÖGE, SGE/SVE)

12
1
2
3
4
5
6
7
8
9
10
11

REGISTER

JASMIN HEKMATI Die gebürtige Teheranerin wuchs in Mainz auf und hatte somit schon als Kind das Glück, eine Küche kennenzulernen, die man heute wohl »Fusion« nennen würde: Iranisch-orientalische Einflüsse treffen auf Gutbürgerlich, exotische Aromen auf Weck, Woscht und Woi ... Während ihres Studiums der Islam- und Nahostkunde in Mainz, Damaskus und London und auf ihren Auslandsreisen als Reporterin für das öffentlich-rechtliche Fernsehen sammelte sie weitere kulinarische Inspirationen. Heute lebt und arbeitet Jasmin Hekmati als Journalistin und Fernseh-Moderatorin in Mainz und verwöhnt mit ihren Kochkünsten ihren Ehemann, ihre Kinder Caspar und Clara und die beiden Katzen Emil und Otto.

JUSTYNA KRZYŻANOWSKA ist stets mit vollem Einsatz dabei – wie man hier unschwer erkennen kann – egal ob sie Büchern ein Gesicht verleiht, Fotos macht oder sich durch die zu fotografierenden Gerichte isst. Bereits als junges Mädchen hat sie sich in den Klang der Spiegelreflexkamera ihres Vaters verliebt. Ihr Weg war endgültig vorbestimmt, als an ihrer Schule das Fach Fotografie eingeführt wurde. Er führte weiter zum Kommunikationsdesignstudium an der Bergischen Universität Wuppertal mit dem Schwerpunkt inszenierte Fotografie. Sie entdeckte dort zusätzlich ihr Vergnügen an der Gestaltung mit Schrift. Seit dem Abschluss mit Auszeichnung arbeitet sie als Artdirectorin für eine Werbeagentur sowie für renommierte Buchverlage. Ihr Engagement und Enthusiasmus lohnen sich – denn schon so einige ihrer Bücher sind prämiert worden.

DANKE

Die Fotografin bedankt sich herzlich bei allen, die geholfen haben, die Tellerchen, Schüsselchen und Gäbelchen zusammenzutragen. Vielen Dank an W&A Wohnen für die freundliche Leihgabe. Ein großes Dankeschön an Familie Stiller – insbesondere an Teresa und Robert dafür, dass wir in ihre Zimmer und mit ihren Spielsachen spielen durften. Ebenfalls herzlichen Dank an Familie Schaab, die der Fotografin in ihren Porzellan-Schatzkeller Einlass gewährt hat.

IMPRESSUM

Originalausgabe
1. Auflage Mai 2015

www.arsvivendi.com
ISBN 978-3-86913-499-4

Texte und Rezepte Jasmin Hekmati
Wissenschaftliche Beratung Dr. Markus Keller,
Leiter des Instituts für alternative und nachhaltige Ernährung, Gießen

Fotos Justyna Krzyżanowska
Foodstyling Michael Schlemmer
Fotoassistenz Philine Anastasopoulos
Bildbearbeitung Ellen Schlüter
Textredaktion, Lektorat Petra Teetz
Buchgestaltung Justyna Krzyżanowska
Druck fgb – Proost Industries, Freiburg im Breisgau

ars vivendi